高校校园文化建设研究

卢少华◎著

吉林大学出版社

·长春·

图书在版编目（CIP）数据

　　高校校园文化建设研究 / 卢少华著 . -- 长春 : 吉林大学出版社 , 2023.10
　　ISBN 978-7-5768-2479-7

　　Ⅰ . ①高… Ⅱ . ①卢… Ⅲ . ①高等学校—校园文化—建设—研究—中国 Ⅳ . ① G647

　　中国国家版本馆 CIP 数据核字（2023）第 213152 号

书　　　名：高校校园文化建设研究
　　　　　　GAOXIAO XIAOYUAN WENHUA JIANSHE YANJIU

作　　　者：卢少华
策划编辑：米路晗
责任编辑：李适存
责任校对：杨　宁
装帧设计：陈文娟
出版发行：吉林大学出版社
社　　　址：长春市人民大街 4059 号
邮政编码：130021
发行电话：0431-89580028/29/21
网　　　址：http://www.jlup.com.cn
电子邮箱：jdcbs@jlu.edu.cn
印　　　刷：廊坊市伍福印刷有限公司
开　　　本：710mm×1000mm　　1/16
印　　　张：9.25
字　　　数：135 千字
版　　　次：2023 年 10 月第 1 版
印　　　次：2023 年 10 月第 1 次
书　　　号：ISBN 978-7-5768-2479-7
定　　　价：78.00 元

前　　言

随着高等教育的快速发展,高校校园文化建设已成为教育界和社会关注的一大焦点问题。作为高校发展的核心要素之一,校园文化的建设和传承具有深远的影响力。本书旨在探讨高校校园文化建设研究,以期提供理论指导和实践经验,提升高校校园文化建设水平。高校校园文化建设是当前高等教育领域的重要议题。通过塑造丰富多元的校园文化,高校能够为学生提供全面发展的平台,培养具有创新精神、综合素质和社会责任感的优秀人才。因此,高校校园文化建设的重要性不言而喻。

本书将从多个维度探讨高校校园文化建设的关键要素。首先,本书将深入探讨高校校园文化的内涵与外延,揭示校园文化的核心理念和基本特征。其次,本书将关注高校校园文化建设的意义,探究其对学生个人发展、学校声誉提升和社会影响力的积极作用。为了推动高校校园文化建设的有效实施,本书将探讨高校校园文化建设的理论基础和主要路径。本书将探讨文化建设的相关理论和模型,引导高校在文化建设过程中更加科学和有效的运作。此外,本书还将探究高校校园文化建设的发展趋势和保障体系,以应对不断变化的社会需求和教育环境。

在内容分析部分,本书将探讨文化的多样性与高校校园文化建设的关系,关注物质文化、精神文化、数字文化等方面的发展。同时,本书还将提出高校校园文化建设的高质量发展策略,促进文化建设与高等教育目标的有效对接。另外,本书将探讨高校校园文化建设的组织与管理。本书将探讨高校校园文化建设的组织原则和运行机制,探讨管理哲学和方法在文化建设中的应用。同时,本书还将关注高校校园文化建设的绩效评价、激励机制、资源配置和活动组织实施等方面,提供技术支持,推动高校校园文化建设工作的高效实施。

最后,本书将重点探讨大数据在高校校园文化建设中的有效应用。本书将阐述大数据技术对文化建设的支持作用,探究数据的获取、处理和分析对高校校园文化建设的意义。通过实践案例和经验分享,本书将展示大数据技术在高校校园文化建设中的创新应用,以及智慧化校园文化建设的前景。

　　本书的撰写旨在为高校校园文化建设提供全面的研究视角和实践指导。笔者希望读者通过对本书的阅读,能够深入了解高校校园文化建设的理论与实践,掌握相关的管理策略和技术手段,为高等教育事业的发展贡献力量,共同构建具有特色和影响力的校园文化。

卢少华

2023 年 6 月

目　　录

第一章 高校校园文化建设概述

高校校园文化建设是为了培养全面发展的优秀人才,提升学校声誉和社会影响力而进行的一系列有计划、有组织的活动和措施。它涵盖了物质文化、精神文化、数字文化等多个方面,旨在创造丰富多样、包容开放的校园文化环境。通过文化建设,高校能够塑造积极向上的价值观念,培养创新意识和社会责任感,促进学生的全面发展。同时,高校校园文化建设还涉及组织与管理、资源配置、技术应用等方面,需要科学策划和有效推进。通过合理运用大数据技术和智慧化手段,高校能够更好地应对挑战,推动校园文化建设迈向更高层次,为培养未来社会所需的人才作出积极贡献。

第一节 高校校园文化及其构成要素

一、校园文化的概念和特点

校园文化是指在高校校园内形成的一种特定的文化氛围和价值观体系,是学校成员共同创造和传承的一种精神和行为模式的总称。它是高校内部的一种共同认同和情感归属,涵盖了学校的传统、价值观念、社会习俗、行为规范、艺术表现、制度建设等方面。

(一)文化氛围

校园文化是高校校园内形成的一种独特的氛围,它体现在学生、教职员工和校园环境之中,包括学术氛围、创新氛围、和谐氛围等。这种氛围对塑造学校整体形象和发展学校特色具有重要作用。

1. 学校的历史传统

每所高校都有自己的独特历史传统,包括创校宗旨、办学理念、校训等。这些传统对学校的文化氛围有着深远的影响,可以通过校庆活动、校史展览等方式加以传承和弘扬。

2. 教育理念和核心价值观

学校的教育理念和核心价值观能够对塑造文化氛围起到重要作用。高校强调的价值观念如自由、平等、创新、卓越等,会影响到学生和教职员工的行为准则和价值取向。

3. 学术氛围

高校作为学术研究的重要场所,学术氛围是高校校园文化中的重要组成部分。学术氛围的形成和发展需要学校注重学术研究、学术交流和学术成果的推广。学术讲座、学术会议、学术期刊等都可以促进学术氛围的形成。

4. 校园环境和建筑风格

校园环境和建筑风格是塑造文化氛围的重要因素之一。美丽的校园环境、具有特色的建筑风格可以营造出宜人、富有浓厚学术氛围的校园氛围,给人以舒适和愉悦感。

5. 师生互动和学生自治

师生之间的互动和学生自治对于形成积极向上的文化氛围至关重要。鼓励师生之间的互动交流、尊重学生的主体地位和发挥学生的主动性,可以培养学生积极向上的心态和主动参与的意识。

6. 校园活动和文化节庆活动

学校举办各类校园活动和文化节庆活动是营造浓厚文化氛围的有效途径。比如举办艺术展览、音乐会、戏剧表演等文化艺术活动,举办运动会、文化节等庆祝活动,都可以增强师生的归属感和凝聚力。

通过以上因素的共同作用,高校校园文化中形成了一种独特的文化氛围,它能够影响到学校内部成员的行为习惯、思维方式和情感认同,进而促进学校整体的发展和进步。

(二)价值观体系

校园文化是建立在一定价值观基础上的。高校校园文化中的价值观体系是指在高校内部形成的一套共同认同和遵循的价值观念和准则。这些价值观体系对于高校的教育目标、师生的行为规范及学术研究和社会责任等方面起到了重要的指导作用。

1. 学术追求与追求卓越

高校强调学术追求和追求卓越。学术追求体现了高校对于知识和智慧的追求,注重学术研究、创新思维和学术成果的产出。追求卓越则要求师生在学术领域和其他领域都追求卓越,不断超越自我,实现个人和学校的成长和发展。

2. 知识与真理

高校校园文化强调知识的重要性,将知识视为人类认知世界和改造世界的基础。高校倡导追求真理,鼓励学生进行批判性思考、拥有实事求是的态度和对知识不断追求的毅力。

3. 自由与创新

自由和创新是高校校园文化中的重要价值观。高校鼓励学生和教职员工在学术研究、思想表达、创新实践等方面保持独立思考和自由探索的精神。同时,高校也倡导创新精神,鼓励学生和教师创造性地开展工作。

4. 社会责任感与公益意识

高校校园文化强调学校成员应具备社会责任感和公益意识。高校鼓励学生关注社会问题、参与社会实践和公益活动,积极为社会作出贡献。

5. 人文关怀与人际关系

高校校园文化强调人文关怀和良好的人际关系。学校倡导尊重他人、关心他人、乐于助人的价值观念,促进学校成员之间的和谐相处,形成互助精神。

6. 多元与包容

高校校园文化鼓励多元性和包容性。学校倡导、尊重不同背景、不同观点和不同文化的存在,提倡开放的学术环境和多元文化的交流。

这些价值观体系构建了高校校园文化的核心价值观基础,对高校内部成员的行为规范、思维方式和人格培养起到了重要的引导和塑造作用。高校校园文化的价值观体系不仅影响学校内部成员的发展,也为社会提供了具有高学术水平和社会责任感的人才。

（三）社会习俗和行为规范

校园文化还包括学校内部形成的各种社会习俗和行为规范，如学生的礼仪、学术交流的方式、社团活动的组织形式等。这些社会习俗和行为规范对于高校校园内的秩序、人际关系和学习氛围的维护具有重要作用。

1. 尊重和礼貌

高校校园文化中，尊重和礼貌是基本的行为准则。学生和教职员工之间应相互尊重，学生应尊重老师和学长，教师应尊重学生的个人尊严和权益。在校园中，礼貌用语和对礼仪礼节的遵守也是十分重要的。

2. 文明用语和表达

高校校园鼓励使用文明、友善的语言和表达方式。学生和教师应避免使用粗俗、侮辱性的语言，尊重他人的感受。同时，倡导积极、阳光的言谈举止，建立良好的交流氛围。

3. 校园环境保护

高校校园文化注重对校园环境的保护。学生和教职员工应该爱护校园环境，不乱扔垃圾，不随意涂鸦，共同维护一个整洁、美观的学习和工作的环境。

4. 学术诚信

高校校园文化强调学术诚信的重要性。学生和教师在学术研究和学术交流中应遵守学术道德，不抄袭、剽窃他人的研究成果，不伪造数据和结果。学生提交的论文和作业应遵循学术规范，不作弊。

5. 社交礼仪

高校校园文化中的社交礼仪包括尊重他人的隐私和个人空间，遵守社交礼仪规范。比如，在与他人交谈时，注意眼神交流和微笑，避免打断他人发言，尊重他人的观点和意见。

6. 安全意识

高校校园文化注重对安全意识的培养。学生和教职员工应注意个人和他人的安全，遵守校园安全规定，妥善保管个人财物和学校财产，及时报告和处理安全事件。

这些社会习俗和行为规范的遵守和践行有助于维护高校校园的和谐稳定，

使校园内形成学习和交流的良好氛围,培养学生的社会责任感和道德观念。学校也会通过宣传教育、制定规章制度等手段加强对社会习俗和行为规范的引导和监督,营造一个文明、和谐的校园文化环境。

（四）艺术表现和文化活动

高校校园文化中的艺术表现和文化活动是指在高校内部开展的各种艺术形式和文化活动,旨在丰富校园文化氛围、提升师生的审美素养和艺术修养,促进文化交流和艺术创作。例如,学校可以举办各类文化节、艺术展览、演出等,为学生提供展示才艺和参与文化交流的平台。

1. 艺术展览和展示

高校经常举办艺术展览,展示学生和教职员工的艺术作品,如绘画、雕塑、摄影等。这些展览为学生提供了展示才华和创作成果的平台,同时也为师生提供了观赏艺术作品、提升艺术鉴赏能力的机会。

2. 音乐会和演出

高校经常举办音乐会、乐团演出和舞台剧等文艺演出活动。学生和教师可以参与表演,展示音乐、舞蹈、戏剧等艺术才华。这些演出活动为师生提供了欣赏艺术表演的机会,也丰富了校园文化生活。

3. 文化节和主题活动

高校常举办文化节和主题活动,如校庆活动、文化艺术节、传统节日庆祝等。在这些活动中,学生和教职员工可以参与各种文化表演、手工制作、民俗游戏等活动,体验传统文化和现代文化的融合。

4. 文学创作和阅读活动

高校鼓励学生和教师参与文学创作和阅读活动,举办文学作品征集、写作比赛、读书分享会等。这些活动可以激发学生的创造力和表达欲望,培养阅读兴趣和文学鉴赏能力。

5. 艺术工作坊和讲座

高校经常组织艺术工作坊和讲座,邀请知名艺术家、文化学者和专家来校园进行艺术交流和讲座。这些活动为师生提供了学习和探索艺术领域的机会,拓宽了艺术视野。

6. 文化交流和国际合作

高校校园文化也强调国际化视野和文化交流。学校会与国内外高校、文化机构进行合作,举办国际文化交流活动、艺术展览和文化节等。这些活动可以促进不同文化间的交流和理解,丰富校园文化的多样性。

通过这些艺术表现和文化活动,高校校园文化得到了丰富和发展,学生和教职员工可以在校园中参与艺术创作,培养审美情趣和艺术素养,丰富校园文化的内涵,提升校园文化的品质。

(五)制度建设

校园文化也体现在学校内部的制度建设和管理机制中。学校可以制定一系列规章制度和管理办法,以保障校园秩序、规范师生行为,从而营造良好的校园文化环境,促进高校校园文化的发展。

1. 校园规章制度

高校制定和执行一系列校园规章制度,如学术道德规范、学生行为准则、宿舍管理规定等。这些规章制度明确了师生的权利和义务,规范了校园内的行为和活动,维护了校园秩序。

2. 组织架构和管理体系

高校建立了完善的组织架构和管理体系,包括各级领导机构、教学管理部门、学生工作部门等。这些机构负责规划和管理高校校园文化建设,制定相应的政策和措施,监督和指导校园文化的实施。

3. 文化活动管理

高校建立了文化活动管理制度,包括活动申请和审批程序、活动场地和设备的预约和使用、活动安全管理等。这些制度保障了校园文化活动的有序开展和参与者的安全。

4. 文化资源管理

高校管理文化资源的制度建设涉及图书馆、博物馆、艺术馆等资源的开放和利用。学校制定相应的规定和流程,确保文化资源的有效管理、充分利用和可持续发展。

5.学术研究规范

高校建立学术研究的规范和管理制度,包括学术诚信、科研项目管理、论文出版要求等。这些规范促进学术研究的规范化、公正性和高质量发展。

6.文化传承与创新

高校校园文化中的制度建设还包括文化传承与创新。学校鼓励保护和传承传统文化,同时也推动文化创新和革新,为师生提供展示和创作的平台。

通过建立健全的制度体系,高校能够规范师生的行为,促进校园文化的繁荣和发展。这些制度为校园提供了稳定的框架,保障了校园内的秩序和公平,推动了高校校园文化建设的顺利进行。同时,制度的建设还有助于培养学生的法治意识和规范学生的行为,提升高校校园文化的品质和影响力。

校园文化不仅仅是一种象征,更是对学校办学理念、教育目标和社会责任的体现,对培养学生的全面发展、促进学术研究和提升学校整体形象具有重要作用。

二、高校校园文化的构成要素

(一)学术文化

学术文化是高校校园文化的重要构成要素之一,它是指高校内部学术活动和学术价值观的表达与传承。通过学术文化的建设,高校校园文化得以培养出具有扎实学术素养和创新能力的人才,推动学术研究的进步和学科的发展。学术文化的存在也促进了高校校园文化的学术化、知识化和智慧化发展。

学术文化强调对知识的追求和学术研究的重要性。高校积极鼓励师生开展学术研究,推动学科创新和学术成果的产出。学术文化提倡对科学精神、批判思维和创新能力的培养,为师生提供开展学术探索的平台和支持。学术文化鼓励学术交流与合作,促进师生之间及师生与国内外学者之间的学术互动。高校会定期举办学术会议、学术讲座、研讨会等活动,为师生提供展示和分享研究成果的机会。学术交流和合作有助于促进学科交叉融合、学术思想碰撞和研究合作,提高学术影响力和学科竞争力。

高校文化注重对学术道德和学术规范的培养与传承。学术价值观包括诚实、严谨、求真、尊重知识产权等,倡导学术诚信和学风建设。高校制定了学术伦理和学术规范,如防止抄袭和剽窃、保护学术知识产权等,以维护学术的公正性、可靠性和可信度。学术文化尤其关注学术资源的建设。高校积极推动对图书馆、实验室、科研设施等学术资源的建设和管理,为师生提供良好的学习和研究环境。同时,高校也鼓励师生积极利用学术资源,参与学术活动和加入学术社群,共同促进学术文化的繁荣。同时,学术文化倡导对学术成果的认可和奖励。高校设立学术荣誉和奖励体系,如学术论文奖、科研项目资助、学术荣誉称号等,鼓励师生在学术研究方面取得杰出成就。这种荣誉和奖励体系激励着师生积极参与学术活动,提高学术水平和学术声誉。

(二)学生文化

学生文化是高校校园文化的重要构成要素之一,它是指在高校中形成的以学生为主体的特定文化形态和文化氛围。学生对高校活动的影响是至关重要的,他们是高校教育的受益者和未来的栋梁。学生对高校活动的积极参与推动着校园文化的繁荣和发展。可以说,学生是高校发展的重要力量和源泉,他们的影响和贡献不仅体现在个人成长与发展上,也对高校整体形象和社会责任产生着深远影响。

学生文化强调学生自治。学生自治是指学生在校园内参与管理和决策,行使自主权利。高校鼓励学生会、社团等学生组织的建立和举办相应活动,为学生提供自我管理和参与校园事务的机会。学生文化倡导丰富多彩的社团活动。学校支持学生社团的建立,如学术社团、文化艺术社团、体育社团等,为学生提供展示才华、锻炼能力和交流交友的平台。学生组织和社团活动丰富了校园文化生活,培养了学生的领导能力、团队合作精神和社交技能。同时,学生在高校的成长过程中,会受到积极的教育影响,培养出追求真理、追求卓越、关注社会公益等正面的价值观。高校校园文化通过课程设置、教育活动和社会实践等方式,引导学生形成正确的人生观、价值观,增强社会责任感。学生文化尤其鼓励学生的创新和创业精神。高校提供创新创业的培训和支持,如创业孵化基地、创新创业竞赛等,激发学生的创造力和创业热情。学生文化培养学生的创新意识、实践能力和创业精神,为学生未来的职业发展打下坚实的基础。此外,学生文化需特别关注学生的福利和关怀。高校提供各种学生服务和福利,如宿舍管理、就业指导、心理健康辅导等,满足学生的基本生活需求和发展需求。学生文化倡导对校园温暖氛围的营造,使学生感受到学校的关心和支持,增强学生的归属感和凝聚力。

通过学生文化的建设,高校校园文化能够更好地满足学生的成长和发展需求,培养出积极向上、全面发展的优秀学生。学生文化也提升了校园的活力,促进了校园文化多样性,丰富了校园文化的内涵和外延。

(三)教职员工文化

教职员工文化是高校校园文化的重要构成要素之一,它是指高校教职员工在校园内形成的一系列共同的价值观、行为准则和文化特征。教职员工对高校的影响是不可忽视的,他们是高校教育事业的中坚力量和重要支撑。教职员工的素质、教学水平、学术研究和职业操守直接影响着高校的声誉和发展。教职员工通过优质的教学和科研工作,培养和造就了一代代优秀的学生,为社会输送了各领域的人才。他们的专业精神、学术追求和教育教学理念对学生的思想品德、学术能力和创新意识产生着深远的影响。教职员工与学生之间的互动,为学生提供了良好的学习环境和成长空间。同时,教职员工也是学校内部组织和管理的重要力量,他们的团队合作能力和领导能力推动着学校的发展和改革。因此,教职员工的积极贡献和教育影响不仅提升了高校的学术声望和社会地位,也为培养社会所需的优秀人才作出了重要贡献。

专业精神和学术追求是教职员工文化的精髓所在。教师们在教学、科研和学术研究中展现出的专业素养和学术能力,是高校教职员工文化的核心特征。他们通过不断学习和自我提升,追求学术卓越,为学生提供优质教育和学术指导。教职员工文化涵养着共同的教育教学理念和方法。高校教师们注重培养学生的创新能力、批判思维和终身学习能力,致力于激发学生的兴趣和潜能。他们积极探索和应用教育教学新方法,推动教学改革和创新。教职员工文化注重对学术道德和职业操守的培养。高校教师们遵循学术规范,秉持诚实、严谨、正直的学术态度,保护学术诚信和知识产权。他们以身作则,为学生树立榜样,倡导职业道德和职业责任感。教职员工文化注重良好的师生关系和师生间的互动。高校教师们积极与学生沟通交流,关心学生的成长和发展,提供学术指导和帮助。他们尊重学生的个性,营造开放、互信、和谐的教学氛围。

教职员工文化鼓励学术合作和团队精神。高校教师们开展学术合作项目，共同参与科研，促进学科交叉和创新。他们注重团队合作，从而分享经验和资源，共同提高教学质量和科研水平。教职员工文化关注教师的专业发展和生涯支持。高校提供教师培训、学术交流、职称评定等机会，鼓励教师不断学习和成长。同时，学校提供良好的工作环境和福利待遇，促进教师的职业发展，满足教师的生活需求。

通过教职员工文化的建设，高校校园文化能够培养出高素质、专业化的教师团队，提升教育教学质量和科研水平。教职员工文化也促进了教师之间的合作与交流，加强了师生之间的联系和互动，共同推动高校的发展和进步。

（四）校园环境文化

校园环境文化的建设对于高校校园文化的发展具有重要意义。宜人的校园环境可以为学生提供舒适的学习和生活条件，营造积极向上、和谐稳定的校园氛围。它也有助于激发学生的创造力和学术热情，促进师生之间的良好互动和交流。同时，校园环境文化也是学校形象的重要组成部分，能够吸引人才和资源的聚集，提升学校的声誉和影响力。因此，高校应注重对校园环境文化的建设，不断完善校园的物质设施、空间布局、景观设计和建筑风格，为学生提供优质的学习和生活环境，推动校园文化的繁荣和发展。

1. 物质环境

高校校园的物质环境包括校舍建筑、教学设施、实验室、图书馆、运动场馆等。这些物质设施的建设和管理直接影响着学生的学习和生活条件。优质的物质环境能够为学生提供舒适、安全、便利的学习和生活环境，营造良好的学习氛围。

2. 空间布局

高校校园的空间布局涉及教学区、生活区、休闲区、文化区等不同功能区域的规划与设计。合理的空间布局能够优化学生的活动空间，提供便捷的交通，营造紧密的师生关系和友好的校园氛围。

3. 景观设计

高校校园的景观设计包括园林、绿化、景观艺术和环境装饰等方面。美观的景观设计能够为学生提供舒适、宜人的环境，营造和谐、自然的校园氛围。同时，景观设计也反映了学校的文化传统、地域特色和创新精神。

4.建筑风格

高校校园的建筑风格体现了学校的历史底蕴、文化传承和时代精神。不同的建筑风格可以展示学校的特色和个性,塑造校园的形象和品牌。通过合理规划和设计,高校可以打造独特而富有魅力的校园环境文化。

(五)社会文化

高校校园文化构成要素中的社会文化是指高校内部的社会关系、社会交往方式、社会价值观念等方面的文化特征。

1.社会关系

高校校园中存在着丰富多样的社会关系,包括师生关系、同学关系、校友关系等。这些社会关系构建了学校内部的交流和互动网络,影响着学生的成长和发展。积极健康的社会关系有助于促进师生之间的良好互动、合作和支持,培养学生的团队意识和合作精神。

2.社会交往方式

高校校园中的社会交往方式包括言语交流、礼仪规范等方面。良好的社会交往方式能够促进人际关系的和谐与融洽,培养学生的社交能力和人际沟通技巧。同时,适当的社交礼仪和行为规范也能够提升校园的文明程度和道德风尚。

3.社会价值观念

高校校园中的社会价值观念是指在校园中形成的共同认同的价值取向和行为准则。这些价值观念包括但不限于自主、创新、求真、奉献等。积极的社会价值观念能够激发学生的学术热情、社会责任感和公民意识,引导学生积极参与社会实践和公益活动,形成积极向上的校园文化氛围。

高校校园中的社会文化对学生的成长和发展起着重要的作用。良好的社会文化能够促进学生之间的相互理解、尊重和支持,营造积极向上的校园氛围。也有助于塑造学生的个性和品格,培养学生的社会责任感和公民意识,使他们成为具有社会责任感和创新能力的综合型人才。因此,高校应重视对社会文化的建设,积极引导学生树立正确的社会价值观念,开展多样化的社会文化活动,营造积极向上、充满活力的校园社会文化。

第二节 高校校园文化建设及其意义

一、高校校园文化建设的定义和目标

高校校园文化建设是指高校在教育教学和学生管理等方面,通过引入和营造特定的文化元素,以培养和传承学校特色文化,塑造良好的校园文化氛围,促进学生全面发展和学术成长。它是高校为适应时代发展需求和实现高质量教育目标而进行的有计划、有组织、有导向的文化改造活动。

高校校园文化建设的目标是打造富有创新、开放、包容、积极向上的校园文化,培养学生的学术能力、创新精神、社会责任感和良好的道德品质。通过构建丰富多样的学术文化、学生文化、教职员工文化等要素,高校校园文化建设旨在营造积极的学习环境、良好的人际关系和和谐的校园氛围,提升学校的教育质量和社会声誉。

高校校园文化建设是一项长期而复杂的工程,需要学校全体师生员工的共同努力和参与。通过高校校园文化建设,学校可以打造独特的文化品牌,提升学校的影响力和竞争力,为学生的全面发展和社会的发展作出积极贡献。

二、高校校园文化建设的重要意义

高校校园文化建设对于学校和学生的发展都具有重要的意义。它不仅能够提升学生的综合素质和学术能力,营造积极向上的校园文化氛围,还能够提升学校的教育质量,提高社会声誉。同时,高校校园文化建设也有助于培养学生的社会责任感和公民意识,促进校园多元文化的融合和交流。

(一)促进学生全面发展

高校校园文化建设为学生提供了广阔的学习和发展空间,通过良好的学术文化、学生文化和教职员工文化等要素的构建,培养学生的学术能力、创新精神、社会责任感和道德品质,使他们能够在知识、能力、品德等方面得到全面的提升。

(二)塑造良好的校园文化氛围

高校校园文化建设能够营造积极向上、和谐的校园氛围,为学生提供良好的学习和成长环境。良好的校园文化氛围有助于激发学生的学习兴趣和创造力,培养学生积极向上的心态和价值观念,促进师生之间的良好互动和交流。

(三)提升学校的教育质量和声誉

高校校园文化建设是学校教育质量提升和发展的重要方面。通过建设具有特色和优势的校园文化,学校能够吸引优秀的师资力量和学生资源,提升学校的教学水平和科研实力,提高学校的社会声誉和影响力。

(四)促进校园多元文化的融合和交流

高校校园文化建设倡导多元文化的交流与融合,尊重和包容不同民族、地域、文化背景的学生。通过开展各类文化活动和交流项目,促进不同文化之间的相互了解和交流,培养学生的跨文化交流能力和全球视野。

(五)培养社会责任感和公民意识

高校校园文化建设通过塑造良好的社会价值观念和行为规范,培养学生的社会责任感和公民意识。学生在校园文化的熏陶下,能够树立正确的价值观念,关注社会问题,积极参与公益活动,成为具有社会责任感和创新能力的综合型人才。

三、高校校园文化建设与学生发展的关系

高校校园文化建设与学生发展密不可分。高校校园文化建设为学生提供了一个全面发展的平台和良好的学习环境。它不仅通过塑造积极向上的学习氛围,激发学生的学习兴趣和动力,提升他们的学术能力和知识水平,还培养了学生的创新思维、批判性思维和问题解决能力。校园文化活动和社团组织为学生提供了广阔的展示自己才华的舞台,培养了他们的领导能力、团队合作精神和沟通协调能力。

高校校园文化建设也注重学生的全面发展,关注他们的身心健康,培养他们的道德品质。通过组织各类文化活动、体育赛事和健康促进活动,学生得以锻炼身体、增强体质,并形成健康的生活方式。同时,校园文化建设强调对道德教育和公民意识的培养,引导学生树立正确的价值观念和社会责任感,使他们成为具有良好道德品质和公民素养的社会成员。

此外,高校校园文化建设也为学生提供了丰富多样的社交活动。通过参与文化艺术活动、社团组织和志愿服务等,学生能够结识不同性格的同学,拓展人脉关

系,培养良好的人际交往能力和团队合作精神。这对于学生的个人成长和职业发展具有重要意义。

总之,高校校园文化建设对学生发展具有深远影响。它不仅提供了良好的学习环境和全面发展的机会,促进学生学术能力的提升和个人素养的提高,还加强了他们的社交能力和团队合作能力,培养了他们的社会责任感和公民意识。高校校园文化建设为学生的综合发展奠定了坚实的基础,助力他们成为具有创新思维和领导力的全面发展的综合型人才。

第三节　高校校园文化建设的理论基础及主要路径

一、校园文化建设的理论基础

校园文化建设的理论基础涵盖多个方面。首先,社会学理论提供了理解社会群体和文化互动的框架,强调文化对社会行为和社会结构的影响。文化人类学理论关注文化的多样性、符号系统和象征意义,强调文化的传承和演变过程。教育学理论关注学习和发展过程,探讨教育对个体认知、情感和行为的塑造作用。此外,领导学和组织行为理论提供了关于领导力和组织文化的认识,强调文化对组织绩效和员工行为的影响。心理学理论则探索个体行为和心理过程,包括自我认同、归属感和情绪管理。

校园文化建设的理论基础还涉及教育管理和政策领域的研究,如教育治理、教育评估和教育政策制定等。这些理论基础为校园文化建设提供了指导原则和实践方向,帮助制定合适的策略和方法。综合而言,校园文化建设的理论基础涉及社会学、文化人类学、教育学、领导学、组织行为学和心理学等多个学科领域,以促进校园文化的发展。

(一)社会文化理论

校园文化建设的理论基础中的社会文化理论强调了社会和文化对个体和群体行为的影响。社会文化理论为校园文化建设提供了理论框架和指导,帮助学校制定相应的策略和措施,促进积极健康的校园文化氛围的形成和发展。

1.社会交往理论

社会交往理论关注人们在社会互动中的行为和关系。它强调人们彼此之间的互动对行为的塑造作用。在校园文化建设中,社会交往理论有助于理解学生之间的互动、师生之间的互动、学生与校园环境之间的互动等方面。

2.社会认同理论

社会认同理论研究个体如何将自己与特定社会群体联系起来,并在这种联系中形成自我认同。在校园文化建设中,社会认同理论有助于理解学生如何与学校文化相互作用、认同学校的价值观和标识,并在校园社区中建立归属感和集体认同。

3.文化相对主义

文化相对主义认为文化是一种相对而不是绝对的现象,不同的文化具有不同的价值观、信仰和行为规范。在校园文化建设中,文化相对主义理论提醒我们要尊重和包容不同的文化背景,鼓励学生之间的文化交流和跨文化理解。

4.文化认同理论

文化认同理论探讨个体如何构建和维持自己的文化认同,并在文化认同中寻求认同感和满足感。在校园文化建设中,文化认同理论有助于理解学生对自身文化的认同程度,以及如何促进学生的多元文化认同。

5.文化冲突理论

文化冲突理论研究不同文化之间的冲突和张力,以及解决这些冲突的方法。在校园文化建设中,文化冲突理论有助于认识到在多元文化环境中可能出现的冲突和挑战,并提供解决方案,以促进和谐的校园文化氛围。

（二）教育文化理论

教育文化理论重点关注的是教育对文化传承、个体发展和社会变革的作用。它为校园文化建设提供了理论框架和思考视角,帮助学校理解教育与文化的关系,为学生提供丰富的教育体验和全面发展的机会。

1.教育社会学理论

教育社会学理论研究教育与社会之间的相互作用关系,关注教育在社会结构和社会变迁中的作用。在校园文化建设中,教育社会学理论帮助我们理解教育制度、学校组织和教育政策对校园文化的塑造和影响。

2. 教育人类学理论

教育人类学理论关注教育活动在文化背景下的意义和功能,探索教育在社会化、价值观传递和文化认同方面的作用。在校园文化建设中,教育人类学理论有助于理解学校文化的形成和演变,以及教育活动对学生的身份认同和文化参与的影响。

3. 教育哲学理论

教育哲学理论探讨教育的本质、目标和价值观,并提供了教育实践的指导原则。在校园文化建设中,教育哲学理论有助于明确学校的教育使命和价值观,为学生提供全面发展的教育环境。

4. 学习理论

学习理论研究个体学习和知识构建的过程,探讨学习环境、学习策略和学习成果之间的关系。在校园文化建设中,学习理论有助于设计有效的教育活动,以提高学生的学习效果。

5. 教育政策理论

教育政策理论关注教育政策的制定、实施和评估,以及政策对学校和教育实践的影响。在校园文化建设中,教育政策理论提供了指导原则和实践方向,帮助学校制定适应时代需求、促进校园文化发展的政策和措施。

(三)组织文化理论

组织文化理论主要关注的是学校作为一个组织实体的文化特征和文化管理问题。组织文化理论为校园文化建设提供了理论基础和管理思路,帮助学校营造积极的组织文化氛围,促进成员的参与和发展,推动学校的发展和创新。

1. 组织行为理论

组织行为理论研究组织内部成员的行为、态度和动机,并探讨组织结构、领导和文化对组织绩效的影响。在校园文化建设中,组织行为理论有助于理解学校内部成员(包括教职员工和学生)的行为模式、组织动力和协作机制,以促进良好的校园文化氛围。

2.组织学习理论

组织学习理论研究组织如何通过知识的获取、分享和应用来提高绩效和适应环境变化。在校园文化建设中,组织学习理论有助于学校建立学习型组织文化,鼓励教职员工和学生的学习与创新,以不断提升校园文化的质量和学生的适应力。

3.组织认同理论

组织认同理论关注组织成员对组织的认同程度和归属感。在校园文化建设中,组织认同理论有助于促进教职员工和学生对学校的认同和参与,从而形成有凝聚力和归属感的校园文化。

4.变革管理理论

变革管理理论研究组织变革的过程和管理策略,探讨如何引导组织成员应对变革。在校园文化建设中,变革管理理论有助于学校进行文化变革和创新,引导教职员工和学生接受和积极参与变革,推动校园文化的发展。

5.领导理论

领导理论研究组织中领导者的角色、行为和影响力,探讨如何通过领导力塑造和传播组织文化。在校园文化建设中,领导理论有助于培养具有积极影响力的领导者,他们能够推动校园文化的发展水平提升,激发教职员工和学生的参与动力。

二、高校校园文化建设的主要路径

高校校园文化建设的主要路径可以概括为以下几点。

第一,树立明确的文化定位和发展目标,明确高校校园文化的核心价值观和理念,以及期望的文化氛围和特色。这需要学校制定文化建设的目标,并将其贯穿于各个层面和各个方面的工作中。

第二,加强文化宣传和教育,通过各种渠道和方式向教职员工和学生传播文化理念和价值观,增强文化认同和归属感。这包括组织文化培训、举办文化主题活动、制作文化宣传资料等。

第三,营造良好的文化氛围和环境,通过创设有利于文化传承和发展的场所和条件,如文化墙、文化展示区、文化活动中心等,营造积极向上、充满创造力和包容性的校园文化氛围。

第四,推动文化实践和活动,鼓励教职员工和学生积极参与各类文化活动和项目,如艺术表演、文学赛事、社团活动等,培养学生的文化兴趣和艺术修养,丰富校园文化内涵。

第五,建立健全的文化管理机制,制定相关政策和规定,明确责任分工和工作流程,建立文化建设的长效机制和评估体系,确保高校校园文化建设能够持续发展和不断创新。这些路径综合起来,可以帮助高校校园文化建设在文化理念、文化传播、文化环境、文化实践和文化管理等方面取得均衡发展,为学校的整体发展和学生的综合素质提升提供有力支持。

(一)教育引导与培育

教育引导与培育旨在通过教育和培养的方式,塑造学生的思想观念、价值观和行为习惯,培养他们积极向上、全面发展的个性和能力。教育引导与培育需要通过课堂教育和课程设置来传授学科知识,提高学术素养。学校可以制定全面而丰富的课程体系,注重培养学生的学术能力、创新精神和批判思维,使其具备扎实的学科基础和终身学习的能力。教育引导与培育也需要通过课外教育和社会实践来为学生的全面成长提供机会。学校可以开展各类社团活动、志愿者服务和实践实习等,让学生参与其中,培养其社会责任感、团队合作能力和领导才能。此外,教育引导与培育还需要通过导师制度和个性化指导来关注学生的个体差异和发展需求。学校可以提供导师制度,指派教师或学长担任学生的导师,与其进行定期交流和对其进行指导,关注学生的学习进展、心理健康和职业规划,提供个性化的成长支持。教育引导与培育需要强调道德教育和人文关怀。学校可以开展道德伦理教育课程、主题讲座和社会实践活动,引导学生树立正确的道德观念、职业操守和社会责任感,培养学生的公民意识。

通过教育引导与培育,学校能够积极引导学生形成正确的人生观、价值观和行为规范,培养学生的综合素质和社会责任感,为他们未来的发展和成长提供坚实的基础。

（二）创新活动与社团组织

在高校校园文化建设的主要路径中,创新活动与社团组织是至关重要的因素。它们为学生提供了广泛的参与机会,培养了他们的创造力和团队合作精神。

创新活动是校园文化建设的重要组成部分。学校可以组织各种形式的创新活动,如创业大赛、科技展览、创新设计竞赛等,鼓励学生运用所学知识和技能,提出创新想法,并通过实践来实现创新成果。这些活动培养了学生的创新思维和实践能力,激发了他们的创造潜力,并为他们提供了展示自己的舞台。社团组织在高校校园文化建设中起着重要作用。学校鼓励学生组建各种类型的社团组织,如学术研究社团、艺术表演社团、体育运动社团等,为学生提供了发展特长的平台。社团组织通过定期组织活动、比赛、展示等形式,促进了学生之间的交流与合作,培养了他们的领导能力、组织能力和团队合作精神。创新活动与社团组织还为学生提供了实践机会及与社会连接的平台。通过参与创新活动和加入社团组织,学生能够将所学知识应用于解决实际问题,拓宽视野,培养实践能力和社交能力。同时,他们还能与来自不同背景和专业的同学进行交流,建立社会关系和人际网络,为将来的职业发展和人生经验积累打下基础。

因此,创新活动与社团组织在高校校园文化建设中具有重要的地位和作用。它们通过提供丰富的学生参与机会,促进个人发展,培养创新能力和团队合作精神,激发学生的潜力,并为他们提供实践机会及与社会连接的平台,推动高校校园文化的繁荣与发展。

（三）环境建设与艺术表达

环境建设和艺术表达是高校校园文化建设中不可或缺的主要路径。通过创造宜人的校园环境和提供艺术表达的机会,可以营造积极向上、富有创造力的校园文化氛围,提升学生的艺术素养,促进综合发展。同时,它们也为学生提供了展示才华、丰富人文素养的机会,为校园文化的繁荣与发展贡献力量。

环境建设是校园文化建设的基础。学校可以通过规划和设计校园环境,创造一个宜人、美观、舒适的学习与生活空间。这包括建筑物的布局与设计、景观的规划与绿化、公共空间的设计与管理等。良好的校园环境可以激发学生的创造力,提升他们的生活质量和幸福感,同时也能够形成一种独特的校园文化氛围。

艺术表达是高校校园文化建设的重要组成部分。学校鼓励学生通过各种艺术形式进行表达,如音乐、舞蹈、戏剧、绘画、摄影等。学校可以组织文化节、艺术展览和演出等活动,为学生提供展示才华和创造力的舞台。通过艺术表达,学生可以培养审美情趣,丰富自己的人文素养,提升艺术修养和创作能力。

环境建设和艺术表达相辅相成,在校园文化建设中相互促进。艺术表达可以通过各种形式的艺术作品和表演来美化校园环境,为学生提供欣赏和参与的机会,激发他们的艺术兴趣和创造力。而良好的校园环境和设施也为艺术表达提供了良好的展示平台和创作条件。

第四节　高校校园文化建设的内涵与外延

高校校园文化建设的内涵与外延涵盖很广,它旨在培育积极健康的校园文化,促进学生的全面成长与发展。内涵方面,高校校园文化建设注重培养学生的价值观、人文素养和社会责任感,倡导学术自由、民主参与和文化多元,弘扬校训精神和学术传统,构建和谐、包容的校园文化氛围。外延方面,高校校园文化建设包括校园文化氛围的营造、艺术表达与文化活动的组织、社会习俗与行为规范的塑造、学术研究与创新的推动,以及校园环境的建设与管理等,致力于打造个性化、特色化的校园文化体系,为学生提供优质的学习与成长环境,培养具有社会责任感和创新能力的优秀人才。通过在内涵和外延方面的双重努力,使得高校校园文化建设推动学生的综合发展,促进学校的整体发展和社会的进步。

一、校园文化建设的内涵

(一)校园精神与价值观培育

校园精神与价值观培育是高校校园文化建设的重要内容,它旨在引导学生形成正确的人生观、价值观和道德观,培养积极向上、有社会责任感和创新精神的学生。

校园精神是学校的核心理念和精神追求,它体现了学校的办学理念、价值观和文化特色。通过弘扬校训精神及学校的传统文化,学校可以塑造独特的校园精神,激励学生树立正确的人生目标和追求,鼓励他们克服困难,追求卓越。

价值观培育是校园文化建设的重要任务之一。学校可以通过教育引导、课程设置、社团组织等途径,培养学生形成正确的价值观。这包括道德伦理观、社会责任感、公民意识、文化自信、环境意识等方面。学校应该强调人文关怀、公平正义、环境保护等核心价值,引导学生形成正确的人生观和价值观,并将其内化为行为准则和生活习惯。

在校园精神与价值观培育中,通过课程设置,将人文素质、道德教育、公民意识等内容融入各个学科中,培养学生的人文关怀、社会责任感和思辨能力。鼓励学生积极加入社团组织和参与文化活动,提供多样化的机会和平台,培养学生的领导才能、团队合作精神和创新能力。建立良好的师生关系,教师要起到榜样和引导者的作用,关注学生的成长和发展,引导他们形成正确的人生观和价值观。通过校园文化建设,弘扬学校的优良传统和文化,形成价值共识和文化认同。

通过校园精神与价值观培育,学校可以培养出具有社会责任感、创新精神和优秀道德品质的学生,他们将成为社会的栋梁和未来的领袖,并为社会发展和进步作出积极贡献。

(二)校园文化氛围的塑造

校园文化氛围的塑造是高校校园文化建设的重要方面,它直接影响着学生的学习、成长和发展。学校应明确校园文化的核心价值观,并通过各种途径和渠道将其传播给学生。这可以通过校训、校园活动、材料宣传等方式实现。价值观的积极传播能够激发学生的共鸣,形成共同的价值追求,从而塑造正向、积极的校园文化氛围。建立良好的师生关系对于塑造校园文化氛围至关重要。教师应以身作则,成为学生的榜样和引导者,关心学生的成长与发展,倾听他们的需求,建立互信、互动、互相尊重的师生关系。这样的师生关系有助于促进学生之间产生相互尊重、友善合作和积极向上的氛围。学校应鼓励并支持丰富多样的文化活动和社团组织。这些活动和组织为学生提供了展示才华、交流经验、发展兴趣爱好的平台。通过参与文化活动和加入社团组织,学生可以体验丰富多彩的校园生活,培养良好的人际关系和团队合作精神,增强对校园文化的认同感和归属感。

学校应注重校园环境的营造,创造一个温馨、宜人的学习和生活环境。这包括校园建筑的设计与规划、绿化景观的布置、公共空间的利用等。一个美丽、整洁、舒适的校园环境能够提升学生的学习积极性和生活质量,促进良好的人际关系和校园文化氛围的形成。学校应制定明确的校园文化规范,并确保其正确执行。这包括学生行为规范、礼仪规范、学术道德规范等。通过规范的制定和执行,学校能够引导学生形成正确的行为习惯和价值观念,维护校园秩序和和谐稳定的校园文化氛围。

通过以上措施,学校可以塑造出积极向上、包容开放、充满活力的校园文化氛围。这样的文化氛围将为学生的学习成长提供有力的支持和引导,促进他们全面发展和健康成长。

(三)校园文化活动的开展

校园文化活动的开展是高校校园文化建设的重要组成部分,旨在丰富学生的校园生活,促进他们的综合发展。

1. 多样性的活动形式

校园文化活动应该具有多样性,包括学术讲座、文化展览、艺术表演、体育竞赛、社会实践等。学校可以组织各种形式的活动,以满足不同学生的兴趣爱好和需求,提供多样的学习和交流的机会。

2. 主题明确的活动策划

校园文化活动的策划应该有明确的主题和目标,能够激发学生的兴趣和参与热情。可以通过举办主题展览、文化节、艺术比赛等方式,引导学生深入参与并发掘自己的潜能。

3. 学生参与和自主管理

校园文化活动应该鼓励学生的参与和自主管理。学校可以设立学生社团或学生文化委员会等组织,由学生自行策划、组织和管理各类文化活动。这样可以激发学生的创造力和团队合作精神,培养他们的组织能力和领导才能。

4. 跨学科与跨年级的交流合作

校园文化活动应该鼓励跨学科和跨年级的交流与合作。通过组织跨学科的学术研讨会、艺术展演、团队竞赛等活动,促进不同专业和年级之间的交流与合作,拓宽学生的视野,培养综合素质和团队意识。

5.融入社会与文化资源

学校可以与社会和文化机构合作,充分利用外部资源开展校园文化活动。可以邀请专业人士、艺术家、作家等来校园举办讲座,进行演出、指导等,提供丰富的学习和体验的机会。同时,可以组织学生参与社会实践、志愿服务等活动,让他们亲身感受社会文化的多样性。

通过以上的举措和努力,学校可以开展丰富多彩的校园文化活动,激发学生的学习热情,提高他们的综合素质和创造力,培养他们的团队合作能力和社会责任感,进一步促进高校校园文化的建设和发展。

二、校园文化建设的外延

(一)校内外交流与合作

校内交流与合作是高校校园文化建设中的重要内容,它涵盖了学校内部成员之间的交流与合作,以及学校与外部机构、社会组织等的合作。学校可以通过组织各类学生活动和建立社团组织,促进学生之间的交流与合作。例如,举办学术研讨会、文化艺术展览、团队竞赛等活动,让学生有机会分享知识、展示才华、共同完成任务,培养他们的团队协作和沟通能力。教职员工之间的交流与合作也是校内交流与合作的重要组成部分,学校可以组织教师开展学术讨论会、教研活动、教学交流等,促进教职员工之间的交流与合作。通过教学经验的分享、学科知识的交流,教师可以相互借鉴、共同进步,提升教学质量和教育教学水平。另外,高校内部的学科之间存在着相互联系和交叉的特点,因此,跨学科的交流与合作具有重要意义。学校可以组织跨学科的学术研讨会、跨专业的课程项目等,鼓励不同学科之间的交流与合作,促进知识的综合应用和学科的融合创新。

在与校外交流与合作方面,学校可以与企业、政府机构、文化机构等外部机构开展合作,共同推动校园文化建设。可以与企业合作开展实习实训项目,提供学生实践机会;与政府机构合作开展社会实践活动,培养学生的社会责任感;与文化机构合作举办文化艺术活动,丰富校园文化生活。高校还应该积极开展国际交流与合作,扩大学校的国际影响力。高校可以与国际大学开展学术交流、师生互访、合作研究项目等;参与国际学术会议、学生交流项目等国际合作活动,增强学生的国际视野,培养跨文化交流能力。

通过校内外交流与合作,学校可以打破学科壁垒、加强内部凝聚力,提高学术水平和综合实力;同时,拓展与外部机构的合作,实现资源共享,增加实践机会和拓宽国际交流的渠道,为学生的全面发展提供更广阔的舞台。

(二)文化传承与创新

文化传承与创新是高校校园文化建设中的重要方面,它既强调对传统文化的继承和保护,同时也注重对新兴文化的创新和推动。以下是对文化传承与创新的详细阐述。

1. 文化传承

高校校园文化建设应该注重传承和弘扬传统文化,包括国学经典、传统艺术、民俗习惯等。通过组织传统文化的学习、展示和传统节日的庆祝活动,培养学生对传统文化的认同感和自豪感,传承中华民族的优秀传统文化,维护文化的连续性和传统的延续性。

2. 文化创新

高校校园文化建设也需要注重文化的创新,鼓励学生和教职员工参与创造性的文化活动和艺术表达。通过开展各类文化创意竞赛、艺术展览、创新项目等活动,激发学生的创造力和创新意识,培养他们的艺术鉴赏能力和文化创新能力。

3. 融合与对话

在文化传承与创新中,要注重不同文化之间的融合与对话。高校校园应该是多元文化的交汇地,鼓励不同地域、不同民族、不同文化背景的学生相互交流与学习。通过开展多元文化的展示、庆祝活动和跨文化交流项目,促进文化的交流与融合,增强学生的跨文化交际能力和文化包容性。

4. 现代科技的融入

高校校园文化建设可以借助现代科技手段,推动文化传承与创新。例如,利用互联网和数字技术开展线上文化活动、数字展览和文化交流,使文化的传播更广泛、更便捷。同时,还可以通过大数据分析和人工智能等技术,挖掘和利用文化资源,推动文化创新和文化产业的发展。

通过文化传承与创新,高校校园文化建设能够保持与时俱进、与社会需求相契合,同时兼顾传统文化的传承和新兴文化的创新,培养具有文化自信和创新精神的学生,为社会和国家的发展作出贡献。

（三）社会责任与影响力

在高校校园文化建设中,社会责任和影响力是两个重要的方面。

1.社会责任

高校作为社会的一部分,承担着培养人才和传承文化的重要责任。高校校园文化建设应该积极引导学生树立社会责任感,培养公民意识和社会道德观念。通过开展社会实践、志愿服务等活动,让学生认识到社会问题和社会需求,培养他们的社会责任感和公益意识,激励他们为社会作出积极贡献。

2.影响力

高校校园文化建设的目标之一是培养具有影响力的人才。高校应该营造良好的学术和文化氛围,提供优质的教育资源和平台,培养学生的领导能力、创新能力和影响力。通过开展学术研究、创新创业项目、社团活动等,让学生能够在学校内外展示才华,塑造自己的个人品牌和影响力,为社会发展和进步作出贡献。

3.社会影响力

高校校园文化建设的成功与否也体现在其对社会的影响力。高校应该积极参与社会问题的研究和解决,关注社会热点和民生需求,通过学术研究、社会调查等方式,提供专业性的解决方案和政策建议,为社会发展作出贡献。高校的社会影响力可以通过教育质量的提升、创新成果的转化、社会服务的拓展等方面得以体现。

第五节 高校校园文化建设的发展趋势及保障体系

一、高校校园文化建设的发展趋势

高校校园文化建设的发展趋势主要受到社会变革、教育理念演进和科技创新等因素的影响。以下是高校校园文化建设的一些发展趋势。

1.多元化与包容性

随着社会的多元化发展,高校校园文化越来越注重多元文化的融合与包容。

学校鼓励学生尊重和欣赏不同的文化背景、价值观念和生活方式,促进跨文化交流和理解,培养开放、包容的社会意识。

2. 创新与创造力培养

创新能力是当前社会对高校毕业生的重要需求之一。高校校园文化建设注重培养学生的创新思维和创造力,鼓励学生进行科研、创业和实践活动,为学生提供创新创业的支持平台,培养学生的创新意识、实践能力和团队合作精神。

3. 社会责任与可持续发展

高校校园文化建设越来越关注社会责任和可持续发展。学校将社会责任融入课程设置、社会实践和志愿服务等方面,引导学生关注社会问题,培养学生的社会责任感和环保意识,推动可持续发展的理念和实践。

4. 数字化与科技创新

随着信息技术的快速发展,高校校园文化建设逐渐借助数字化和科技创新手段。学校利用互联网和社交媒体平台进行校园文化宣传和交流,开展在线教育和远程学习,利用大数据分析和人工智能技术进行校园管理和学生评价等,提高了校园文化建设的效率和质量。

5. 国际化与跨文化交流

高校校园文化建设越来越注重国际化和跨文化交流。学校鼓励学生参与国际交流项目、留学和加强学术合作,提供多元化的国际化教育资源和平台,培养学生的全球视野、国际交流能力和跨文化素养。

高校校园文化建设的发展趋势与社会的发展需求密切相关,注重培养学生的综合素质、创新精神和社会责任感,借助科技创新和国际化合作,致力于为学生的个人发展和社会进步作出贡献。

二、高校校园文化建设的保障体系

高校校园文化建设的保障体系包括政策法规制定、资源投入、组织机构建设、师资培训、校企合作、外部支持与合作,以及评估与监督等方面。这些保障措施确保了高校校园文化建设的规范运行和持续改进。

（一）政策法规

在高校校园文化建设的保障体系中,政策法规起着重要的作用。政策法规的制定和落实为高校校园文化建设提供了法律依据和规范。以下是一些与高校校园文化建设相关的政策法规内容。

教育法规定了高校教育的目标、任务和原则,为高校校园文化建设提供了基本框架。这些法规包括《中华人民共和国教育法》等。高校内部规章制度是高校校园文化建设的具体指导文件。例如,学校可以制定校园文化建设规划、学生行为规范、文化活动管理细则等。文化产业相关法规为高校校园文化建设提供了保障。例如,著作权法、文化产业促进法等法规保护知识产权和文化创意产业的发展,为高校校园文化活动的创新提供法律支持。高校学生管理规定了学生的权利和义务,为校园文化建设提供了基本纪律和秩序。这些规定包括学生行为准则、违纪处分等。高校财经管理法规保障了高校校园文化建设资金的合理使用。例如,有关财政拨款、资金管理、项目申报等规定,确保文化活动和项目的经费得到合理配置和使用。

这些政策法规的制定和落实,为高校校园文化建设提供了明确的指导和约束,促进了校园文化建设的规范运行和持续发展。高校需要加强对政策法规的宣传和解读,确保全体师生员工能够遵守和应用相关法规,推动校园文化建设的良好发展。

（二）管理机制

在高校校园文化建设的保障体系中,管理机制是至关重要的一环。有效的管理机制能够促进校园文化建设的规范运行、资源优化利用和持续改进。以下是一些常见的管理机制。

1. 组织架构

高校应设立专门的校园文化建设部门或机构,明确责任和职能分工。这些部门或机构负责规划、组织和管理校园文化活动、项目和资源,确保文化建设的有序进行。

2. 决策与规划

高校应制定校园文化建设的总体规划和发展战略,并制订具体的年度工作计划。这些规划和计划应经过充分的调研和评估,以确保校园文化建设的目标明确、措施可行。

3. 资源管理

高校需要合理配置和管理各类资源,包括人力、物力和财力资源。管理机制应确保资源的公平分配和高效利用,优先支持校园文化建设的需要。

4. 绩效评估

建立科学的绩效评估机制,对校园文化建设的成效进行评估和监测。通过定期评估,发现问题和不足,并及时采取措施进行改进和提升。

5. 参与与合作

管理机制应促进各方的参与与合作。高校可以建立校园文化建设的协作机制,与学生组织、社会组织、企业等建立良好的合作关系,共同推进校园文化建设。

6. 监督与反馈

建立有效的监督机制,确保校园文化建设的合规运行。监督机制可以包括内部审核、外部评估、社会监督等,为校园文化建设提供监督和反馈,推动其不断改进和完善。

这些管理机制相互协调、相互支持,构成了高校校园文化建设的管理体系。管理机制的建立和健全,能够为校园文化建设提供有力保障,推动其高效运行和持续发展。

(三)资金投入

在高校校园文化建设的保障体系中,资金投入是确保文化建设活动顺利进行的重要方面。适当的资金投入可以提供资源支持,促进校园文化建设的发展。

1. 资金来源

高校校园文化建设的资金来源包括政府拨款、学校自有资金、社会捐赠及与校园文化建设相关的合作项目资金等。各种资金来源的合理配置和筹集是保障校园文化建设的基础。

2. 资金规划

高校应制定明确的资金规划,确定校园文化建设的资金需求和分配计划。规划应考虑各项文化活动的需求,并根据优先级和长期发展目标合理进行资金分配。

3. 资金管理

高校应建立健全的资金管理制度和程序,确保资金使用的合规性和透明度。这包括编制预算、审批经费申请、监督资金使用情况等。同时,建立科学的绩效评估机制,对资金使用效果进行评估,以确保资金的有效利用。

4. 资金分配原则

在进行资金分配时,高校应根据不同的校园文化活动的特点和需求制定相应的分配原则。可以采用综合考量、公开透明、公平公正的原则,确保各个方面的文化活动都能得到适当的资金支持。

5. 资金监控与追踪

高校应建立资金监控和追踪机制,确保对资金使用情况的准确记录和监督。这包括定期审计、报告和核查资金使用情况,防止滥用、浪费和不当行为。

6. 多元化筹资方式

除了依赖学校自有资金,高校可以积极探索多元化的筹资方式,如与企业、社会组织、校友等建立合作关系,引入赞助、捐赠和合作项目,以扩大资金来源,提升校园文化建设的可持续性。

综上所述,资金投入是高校校园文化建设保障体系中的重要环节。合理的资金规划、管理和使用能够为校园文化建设提供稳定的资金支持,促进文化活动的发展,为学生和教职员工提供丰富多样的文化体验和成长机会。

(四)资源支持

在高校校园文化建设的保障体系中,资源支持是至关重要的一环。资源支持包括对各种物质和非物质资源的提供,以满足校园文化建设的需求和活动的开展。以下是对保障体系中资源支持的详细阐述。

1. 物质资源支持

物质资源包括场地、设施、器材等。高校应提供适当的场地,如剧院、展览厅、音乐厅、艺术工作室等,以供文化活动的展示和表演。此外,必要的设施和器材,如舞台设备、音响设备、灯光设备、绘画工具等,也应得到充分的支持和供应。

2.人力资源支持

人力资源包括专业人才、教职员工、艺术家、导师等。高校应聘请或培养具有相关专业知识和经验的人才,如艺术指导、音乐指导、戏剧导演等,为文化活动提供专业指导和支持。同时,教职员工也可以充当文化活动的组织者和参与者,共同推动校园文化建设。

3.知识和信息资源支持

高校应提供丰富的知识和信息资源,以支持校园文化建设。这包括图书馆、文化档案、艺术作品收藏、学术期刊和数据库等。学校可以建立数字化平台,提供在线文化资源和学术资料,方便师生浏览和参考。

4.社会资源支持

高校应积极与社会各界建立合作关系,争取社会资源的支持。这包括与政府、企业、非营利组织、校友等建立合作关系,争取赞助、捐赠和支持项目。社会资源的注入可以为校园文化建设提供更多的机会和资金支持。

综上所述,保障体系中的资源支持对于高校校园文化建设至关重要。物质资源、人力资源、知识和信息资源及社会资源的充分支持,能够为校园文化活动的顺利开展提供坚实的基础,促进高校校园文化的蓬勃发展。

(五)人才培养

在高校校园文化建设的保障体系中,人才培养是一个关键的方面。人才培养旨在培养具有专业知识和创造力的人才,他们能够积极参与校园文化建设并为其发展作出贡献。

高校应注重对学生的专业知识的培养,使他们具备相关领域的知识和技能。通过系统的课程设置和教学方法,培养学生在艺术、音乐、文学、戏剧等领域的专业素养,使他们具备深厚的学科基础;高校应重视对学生的创造力的培养,鼓励他们在校园文化建设中展现独特的思维和创意。通过开展创意工作坊、艺术实践课程和创新项目,激发学生的创造力,培养他们的艺术表达能力和创新能力。学校还要注重对学生的综合素质的培养,使他们具备广泛的知识、良好的品德和优秀的社交能力。通过开展课外活动、社团组织和志愿服务等,培养学生的领导力、团队合作能力和社会责任感,使他们成为全面发展的校园文化人才。

一般地,高校都会设立导师制度,为学生提供专业指导和个性化的培养计划。导师可以是专业教师、艺术家、文化界人士等,他们能够指导学生在校园文化建设中发挥优势和潜力,并为个人成长和职业发展提供支持。另外,高校还要提供丰富的实践机会,让学生能够将所学知识应用到实际中去。通过组织文化活动、参与演出、举办展览等,学生能够锻炼实践能力、展示才艺,并与其他学生和专业人士进行交流和合作。学校还鼓励学生参与国际交流和合作项目,从而拓宽他们的视野,增强跨文化交流的能力。通过与其他高校、文化机构或国际组织合作,学生能够接触不同文化背景的人群,学习他们的文化特点和艺术表达方式。

通过以上措施,高校可以全面培养学生的专业知识、创造力和综合素质,为校园文化建设提供优秀的人才支持,推动高校校园文化的繁荣发展。

(六)队伍建设

在高校校园文化建设的保障体系中,队伍建设是至关重要的一环。一个优秀的团队可以为校园文化建设提供坚实的支持和保障。以下是对保障体系中队伍建设的详细阐述。

高校要注重引进具有相关专业知识和丰富经验的优秀人才。通过招聘、竞聘或合作等方式,吸引高水平的艺术家、文化专家、活动策划师等加入校园文化建设团队。高校应为校园文化建设人员提供培训和提升的机会,不断提高他们的专业水平和管理能力。可以通过开设培训课程、举办讲座、组织研讨会等形式,提供专业知识和技能的更新和交流。同时,校方要注重团队建设,培养团队成员之间的协作精神和合作能力。通过定期的团队会议、讨论和活动,加强团队成员之间的沟通与合作,形成良好的工作氛围。另外,高校在设立激励机制和奖励措施方面要多花心思、下功夫,鼓励校园文化建设团队的成员发挥创造力和积极性。可以通过设立表彰制度、奖学金、荣誉称号等方式,激励他们在校园文化建设中取得优异成绩。

通过以上措施,高校可以建立一支专业化、协作高效的校园文化建设团队,为校园文化的创新发展提供强有力的支持。同时,优秀的队伍也能够为学生提供更多优质的校园文化服务和活动,促进学生的全面发展和成长。

第二章 高校校园文化建设内容分析

第一节 文化的多样性与高校校园文化建设

一、文化多样性的概念和特点

（一）文化多样性的概念

文化多样性是指在一个社会、地区或群体内存在着多种不同的文化表达、价值观、信仰、传统和习俗等。它反映了人类社会的丰富性和多样性，涉及不同民族、宗教、语言、风俗、艺术等方面的多元文化现象。文化多样性强调每个文化都具有其独特性和价值，没有一种文化可以被视为绝对优越或普遍适用于所有人。它鼓励人们尊重和欣赏其他文化的差异，并倡导在包容和相互理解的基础上共存和交流。

（二）文化多样性的特点

1. 丰富性

不同文化之间存在着多种语言和沟通方式。每种语言都承载着独特的历史、价值观和传统。文化多样性使得人们能够用不同的语言和沟通方式来表达思想、交流观点和分享经验。同时，不同文化背景下的人们拥有各自独特的价值观和信仰体系。这些价值观和信仰体系反映了人们对生活、道德、人际关系等方面的看法和态度。文化多样性带来了不同的价值观和信仰，丰富了人们对世界的理解和体验。

此外，每个文化都有其独特的社会习俗和风俗。这包括庆祝活动、婚礼习俗、葬礼仪式等。文化多样性使得世界充满了各种各样的庆祝活动和仪式，人们可以在不同的文化环境中体验不同的习俗和风情。文化多样性还体现在艺术和表演形式上。不同文化的音乐、舞蹈、戏剧、绘画等艺术形式都有其独特的特点和风格。通过欣赏和学习不同文化的艺术形式，人们可以深入了解和欣赏世界各地的艺术之美。文化多样性意味着存在着大量的不同文化表达形式、思维方式、行为习惯、价值观念等,丰富了人类社会的文化内容。

2. 包容性

文化多样性强调对不同文化的包容和接纳,鼓励人们尊重和欣赏其他文化的差异,摒弃歧视和偏见,促进文化之间的相互交流和理解。它体现了对多元文化的平等对待,并强调人们应该共同生活在一个彼此尊重、互相理解和和谐共处的社会中。包容性的特点强调尊重每个个体的文化身份和权利。它认识到每个人都有权利保持和表达自己的文化认同,而不受歧视或排斥;它鼓励不同文化之间的对话和交流,倡导人们去了解、尊重和理解其他文化的背景、观点和价值观,以促进文化之间的和谐与合作;它强调不同文化之间的融合与共生,认可文化之间的相互影响和交流,以及不同文化元素在社会中的共存与共享。文化多样性的包容性致力于构建一个多元文化共存的社会,鼓励社会成员之间的相互尊重、合作和共同发展,以促进社会的凝聚和和谐。总的来说,文化多样性的包容性特点意味着接纳和尊重不同文化的存在,通过对话、理解和融合促进文化之间的和谐共存。它为社会创造了一个包容、平等和和谐的环境,使每个人都能在自己的文化认同中获得平等的权利。

3. 动态性

文化多样性的动态性特点指的是文化是一个不断演变和变化的过程,它随着时间、地域和人们的互动而不断发展和变化。文化多样性是一个动态的概念,它不是静止不变的,而是随着时间的推移而不断演变和变化的。新的观念、价值观和行为方式不断涌现,旧有的文化传统可能会逐渐改变或淡化。文化多样性意味着不同群体和社区之间存在着各种各样的文化差异和多样性。这种多样性可以体现在语言、宗教、习俗、艺术表达和生活方式等方面,不同地区和群体之间的文化特征也会有所不同。文化多样性的动态性受到人们之间的交流和互动的影响。通过跨文化的接触和交流,不同文化之间的互动会产生文化融合、创新和变革的现象,推动文化的演变和发展。它要求人们对自己的文化传统进行反思和适应。随着社会的变化和全球化进程的推进,人们需要审视自己的文化认同,并在面对新的挑战和变化时作出调整和适应。同时,文化多样性的动态性存在着历史和当代的联系。传统的文化形式和价值观在当代社会中可能仍然存在,但也会与现代的思潮和需求相结合,形成新的文化形态和表达方式。

可以说,文化多样性的动态性特点意味着文化是一个不断变化和演化的过程,受到时间、地域和人们互动的影响。它要求人们保持开放的心态,接受文化的变化和多样性,并在不断变化的社会环境中进行反思和适应。

4. 相互影响性

不同文化之间存在相互影响和交流的现象,各种文化在交流中可以相互借鉴、吸收和融合,形成新的文化表达形式。

不同文化之间的交流促进了文化之间的融合和互补。通过跨文化的接触和交流,不同的观念、价值观、艺术形式和传统习俗相互影响,形成了新的文化元素和表达方式。不同文化之间的相互影响可以激发创造力和创新思维,促使人们从其他文化中汲取灵感和经验,创造出新的艺术形式、科学理念和社会实践。相互影响性也促进了文化遗产的传承与保护。通过与其他文化的接触,人们可以更好地理解和认识本国的文化遗产,加强对传统价值和习俗的保护和传承,同时也能够汲取其他文化的保护经验和方法。同时,相互影响性使得个体和社群的文化认同变得更加多元化和丰富。人们不仅可以从自身的文化中获得认同感,还能够通过与其他文化的互动和交流来拓宽自己的文化认同边界,形成更加包容和开放的多元文化认同。另外,相互影响性在全球化背景下促使文化的全球性和本土性相互交融。全球化的信息和交流网络使得不同文化之间的相互影响更加频繁和广泛,同时也促使本土文化更好地保持独特性。

文化多样性中的相互影响性体现了文化之间的交流、借鉴和影响,促进了文化的融合与创新,加强了对文化遗产的传承与保护,丰富了个体和社群的文化认同,同时也使得文化在全球化与本土化之间找到了平衡点。这种相互影响性是文化多样性的重要特征,也是推动文化发展和人类进步的动力之一。

5. 根植性

文化多样性中的根植性指的是文化与其所在地区、社群或群体紧密相连、深深扎根于当地的特征。每个地区和社群都有其独特的文化传统、价值观和习俗,这些文化特征与地理、历史、宗教、语言等因素紧密相关,共同塑造了其独特的文化根植性。

不同地区的文化多样性反映了地理环境、气候条件和自然资源的差异。例如,山区地区的文化可能与农耕和畜牧活动紧密相关,而沿海地区的文化可能与渔业和海洋生活方式有关。文化多样性也反映了不同社群的传统和历史背景。每个社群都有自己独特的文化传统、习俗和庆典活动,这些传统在当地社群中代代相传,成为其根植于社会生活中的一部分。语言是文化的重要组成部分,不同地区和社群使用不同的语言和方言进行交流和表达。语言的多样性反映了地区和社群的文化根植性,它与当地的历史、地理和社会发展密切相关。习俗和仪式是文化根植性的重要表现形式。各种庆典活动、婚礼、葬礼等仪式,以及日常生活中的礼仪和行为准则,都体现了文化根植于社会生活中的重要地位。文化多样性中的根植性使得每个地区和社群都具有独特的文化身份和认同感,它不仅反映了地域和社会的差异,也强调了每种文化的独特性和价值。根植性使得文化具有承载地方历史、传统的功能,同时也促进了文化的传承与发展,为人们提供了丰富多彩的文化体验和交流的机会。

6. 独特性

每个文化都具有其独特性和独特的文化身份,没有一种文化可以被视为绝对优越或适用于所有人。文化多样性中的独特性体现了不同文化之间的独特差异和个性特点。每个文化都有其独特的价值观、信仰体系、习俗、传统和艺术表达方式,这些元素共同构成了其独特的文化特征。

不同文化有不同的价值观和信仰体系,它们塑造了人们的行为准则、道德观念和世界观。例如,东方文化注重家庭和社会的和谐,而西方文化强调个人的自由和独立。每个文化都有其独特的艺术形式和表达方式,如音乐、舞蹈、绘画、雕塑、文学等。这些艺术形式反映了文化的审美观念、创造力和独特的艺术风格。文化独特性还体现在不同地区和社群的习俗和传统上。每个文化都有其独特的节日、庆典、仪式和日常生活中的习俗,这些习俗是对特定文化背景和历史传承的体现。语言是文化的核心组成部分,每种语言都有其独特的词汇、语法和语音特点。此外,口头传统,如民间故事、谚语和口头表达方式,也是文化独特性的体现。

文化多样性中的独特性使得每种文化都具有独特的身份和特色,它们彼此之间的差异丰富了人类的文化宝库,带来了不同的思维方式、生活方式和美学观念。这种独特性鼓励着人们保护和传承本国的文化遗产,同时也促进了文化的交流、对话和互动,使我们更加了解和尊重其他文化,从而实现文化的和谐共存和共同发展。

7. 文化权利

每个人都有权利自由表达、传播和分享自己的文化观点、信仰、价值观。这意味着人们可以自由选择并参与各种文化活动,每个人都有权利参与和享受各种文化活动,这包括参观博物馆、艺术展览、音乐会等文化场所,参与文化节庆活动、加入文化团体等。每个文化群体都有权利保护和传承自己的文化遗产、传统知识和表达方式。这意味着文化群体有权利保护其语言、习俗、传统技艺等独特的文化元素,并采取措施防止其被剽窃、滥用。同时,每个人都有权利尊重和接纳其他文化,同时也有权利保留和发展自己的文化身份。这意味着人们应该对其他文化保持开放的态度,尊重和欣赏其他文化的差异和独特之处,同时也应该坚守自己的文化传统和价值观。

文化多样性中的文化权利的保障是建立在人权原则和尊重人的尊严的基础上的。通过确保每个人都能够自由地表达自己的文化身份、参与各种文化活动、保护本国的文化遗产,并与其他文化进行对话和交流,我们可以实现文化的平等、包容和共享,促进社会的和谐发展和文化的多元繁荣。

8. 跨界性

文化多样性中的跨界性指的是不同文化之间相互交流、融合和影响的现象。它表明文化并不是孤立存在的,而是在交流和互动中不断发展和演变的。跨界性体现在各个方面,包括语言、艺术、风俗习惯、价值观念等。在语言方面,不同语言之间会发生借词、翻译和混合使用等现象,促进了语言的多样性和交流的便利性。在艺术领域,不同艺术形式和风格会相互借鉴和影响,产生新的艺术风格和表现形式。在风俗习惯和价值观念方面,不同文化的传统和习俗会相互交融,形成独特的文化融合现象。

文化多样性的跨界性有助于打破传统文化的边界和束缚,促进文化的创新和发展。它提供了机会,使人们能够以开放的心态接触和接纳其他文化,并从中汲取新的思想、观念和方式。通过跨界性的交流和融合,不同文化之间的相互理解和尊重得以增强,促进了文化多元的共存和互补。文化多样性中的跨界性不仅体现在国际层面,也存在于国内不同地区、不同群体之间。通过跨界性的文化交流和互动,我们可以打破地域和身份的限制,促进全球文化的交流和融合,为社会发展和人类进步注入新的活力和创造力。文化多样性超越了国家和地区的边界,是全球性的现象,促进了全球文化交流和文化产业的发展。

这些特点共同构成了文化多样性的核心内容,使其成为人类社会发展不可或缺的重要组成部分。文化多样性强调了每个人和社群都有权利保持和表达自己的独特文化身份,以及尊重和欣赏他人的文化。在全球化的今天,文化多样性的保护成了一个重要的议题,需要人们的共同努力来实现。

二、高校校园文化建设中的文化多样性意义

高校校园文化建设中的文化多样性可以促进交流与理解、激发创造力与创新、丰富学习经验、培养全球视野、促进社会和谐与和平、提升高校的文化影响力。

(一)促进交流与理解

文化多样性在高校校园中鼓励不同文化背景的学生和教职员工之间的交流和理解。通过接触和了解不同的文化,可以增进彼此之间的互相认知、尊重和包容,促进跨文化的交流和合作。

(二)激发创造力与创新

文化多样性为高校校园带来了不同的思维方式、观念和价值观,激发了学生和教职员工的创造力和创新能力。各种文化之间的交流和融合可以产生新的思想和观点,促进学术和艺术领域的创新。

(三)丰富学习经验

通过接触和学习不同的文化,学生可以获得更加广泛和深入的学习经验。他们可以了解不同文化的知识、价值观和传统,拓宽自己的视野,提升自己的综合素质。

(四)培养全球视野

在全球化的背景下,高校校园文化建设中的文化多样性有助于培养学生具备

全球视野和提升跨文化交流能力。学生通过与来自不同国家和地区的同学交流学习,了解其他国家的文化和社会背景,为未来的跨国交流和国际合作打下基础。

(五)促进社会和谐与和平

高校校园文化建设中的文化多样性可以促进社会和谐与和平。通过学习和尊重不同文化的价值观和习俗,可以缓解文化冲突和误解,促进不同文化之间的和谐相处,为社会和平作出贡献。

(六)提升高校的文化影响力

高校校园文化建设中的文化多样性能够提升高校的文化影响力。当高校校园呈现出丰富多彩的文化面貌时,吸引力和影响力将得到提升,吸引更多的优秀学生、教职员工和合作伙伴。

三、推动高校校园文化建设中的文化多样性实践

高校可以积极推动文化多样性的实践,为学生提供广阔的文化交流和体验平台,培养跨文化意识和能力,推动高校校园文化建设的发展。

(一)多元招生与国际交流

高校可以通过招生政策和项目设置,吸引来自不同文化背景的学生。此外,鼓励学生参与国际交流项目,与外国学生进行互动交流,增加跨文化的体验和认知。

以清华大学为例:清华大学积极推动多元招生与国际交流,以促进学生的文化多样性和培养国际视野。在招生方面,清华大学实行综合评价招生制度,不仅考虑学生的学术成绩,还重视学生的综合素质和特长。通过面试和综合评估,清华大学选拔具有不同背景、特长和兴趣的学生,包括来自不同地区、民族和文化背景的学生。在国际交流方面,清华大学积极与世界各地的高校和机构合作,开展学术交流、学生交流和教师交流项目。清华大学与众多国际知名高校建立了合作关系,如斯坦福大学、麻省理工学院、牛津大学等。学生可以通过交换计划、合作研究项目等方式,与国际学生和教师进行交流和合作。

此外,清华大学还设立了国际学生招生办公室,专门负责招收和管理来自世界各国的国际学生。他们提供针对国际学生的招生政策和服务,包括提供中文授

课的本科和研究生课程、提供语言培训支持、组织文化交流活动等,为国际学生提供良好的学习和生活环境。

通过多元招生与国际交流的实践,清华大学吸引了来自世界各地的优秀学生,促进了不同文化背景学生之间的交流和合作,丰富了校园文化的多样性。这种多元性和国际化的环境为学生提供了更广阔的发展空间,培养了跨文化交流与合作的能力,为学生的综合素质提升和未来的国际交流与合作打下坚实基础。

(二)提供跨文化教育

高校可以设计和开设跨文化教育课程,帮助学生了解和尊重不同文化的特点和差异。这些课程可以包括跨文化沟通、国际事务、文化多样性等方面的内容,培养学生的跨文化意识和能力。

以北京大学为例:北京大学积极推动跨文化教育,致力于培养学生的国际视野、跨文化交流能力和全球公民意识。北京大学提供多样化的外语教育和语言培训课程。学生可以学习多种外语,包括英语、法语、德语、日语、俄语等,以增强他们的跨文化交流能力。此外,学校还设有外语角和国际文化交流中心等平台,为学生提供与来自不同国家和地区的学生交流的机会。北京大学积极推动国际交流与合作,学校与众多国际知名高校建立了合作关系,包括斯坦福大学、哈佛大学、剑桥大学等。学生可以通过交换项目、学术合作研究、参与国际会议等途径,与国际学生和教师进行跨文化交流与合作。此外,北京大学还注重将跨文化教育融入课程设计。学校开设了一系列的跨文化教育课程和项目,涵盖文化研究、国际关系、国际商务等领域。这些课程旨在帮助学生深入了解不同国家和地区的文化、历史、价值观,并培养他们的文化智慧和跨文化交流技能。

通过提供跨文化教育,北京大学为学生提供了全面的国际化教育体验。学生在与来自不同文化背景的同学和教师的交流互动中,拓宽了视野、增强了文化理解和尊重,培养了全球视野,提高了国际交流能力。这种跨文化教育的实践不仅为学生的个人成长和职业发展提供了宝贵的资源,也为国际交流与合作作出了积极的贡献。

(三)组织文化交流活动

高校可以举办各种文化交流活动,如文化节、展览、讲座、演出等,为学生和教职员工提供展示和体验不同文化的机会。这些活动可以展示多元文化的魅力,激发学生的兴趣和参与度。

这里不得不提的是复旦大学每年一度的国际文化节。

复旦大学每年举办一次的国际文化节是该校最具影响力和参与度的校园文化活动之一。这一活动旨在促进国际间的文化交流与理解,展示不同国家和地区的文化特色,丰富校园文化生活,培养学生的跨文化交流能力。国际文化节通常持续一周时间,期间举办各种多元化的活动。

1. 文化展览

学生展示自己国家的传统文化、服饰、手工艺品等,通过展览的方式让师生们了解不同文化的独特之处。

2. 艺术表演

邀请国际学生团队和本校学生艺术团队进行音乐、舞蹈、戏剧等形式的艺术表演,展示不同国家的艺术风采。

3. 美食节

设置国际美食展区,让各国学生和员工有机会品尝到来自不同国家的特色美食,体验异域风味。

4. 文化讲座和论坛

邀请国际知名学者和专家就跨文化交流、国际文化合作等主题举办讲座和研讨,引导学生思考和探讨跨文化的重要议题。

5. 文化体验活动

举办手工艺品制作、传统乐器演奏、民族舞蹈教学等互动活动,让学生能够亲身体验不同文化。

6. 国际交流项目展示

展示与国际合作伙伴开展的交流项目,包括学术交流、学生交换等,鼓励更多学生参与国际交流活动。

通过这一周的活动,复旦大学的国际文化节为师生们提供了一个多元、包容、开放的平台,让他们能够了解和尊重不同文化,增进跨文化交流与合作。活动还吸引了众多学生和员工的参与,提升了校园文化的活力和多样性。国际文化节也成为学校的一张名片,彰显了复旦大学在国际交流与合作方面的领先地位。

(四)支持多元文化社团与组织

高校可以支持和鼓励学生自发建立各种文化社团和组织,如国际学生协会、文化俱乐部等,为学生提供展示和分享自己文化的平台。同时,鼓励跨文化合作与交流,促进不同文化之间的融合与互动。

北京大学国际学生联合会(Peking University International Students Union,简称 PKU ISU)是中国著名的国际学生协会之一。作为北京大学的官方组织,PKU ISU 旨在促进国际学生之间的交流与合作,增进国际学生与中国学生之间的相互理解与友谊。PKU ISU 每年组织丰富多样的活动,包括以下几个方面。

1. 文化交流

举办国际文化节、国际晚会等活动,展示不同国家和地区的文化特色,让国际学生能够展示自己的文化。

2. 学术交流

举办学术讲座、研讨会等活动,邀请国内外知名学者和专家进行学术演讲,为国际学生提供学习和交流的平台。

3. 社会实践

组织社会公益活动、志愿者活动等,让国际学生参与中国社会的公益事业,增进对中国社会的了解和关心。

4. 交流与合作

与其他高校的国际学生组织保持联系,进行交流访问,开展合作项目,促进不同高校国际学生组织之间的合作与共同发展。

5. 欢迎与支持

为新到校的国际学生提供迎新服务,包括接机、住宿指导、学习生活帮助等,让国际学生顺利适应新环境。

北京大学国际学生联合会通过举办各种活动和项目,为国际学生提供了一个全面的学术、文化和社交交流的平台。他们不仅关注国际学生的学术发展和生活需求,还为他们提供了融入中国社会和文化的机会。PKU ISU 的工作在促进校园国际化进程、增进国际学生与中国学生之间的友谊与合作方面发挥着重要的作用。

（五）聘请具有多元背景的教职员工

高校可以在教职员工的招聘中注重多元背景，聘请来自不同国家和地区、具有不同文化经验的教师和工作人员。他们可以为校园带来不同的视角和经验，丰富校园文化的多样性。中国人民大学是一个典型例子。作为中国一流的综合性大学之一，中国人民大学致力于打造国际化的教学与研究团队，注重聘请具有不同文化背景、学术视角和专业经验的教职员工。

中国人民大学的教职员工团队中包括来自不同国家和地区的教授、副教授、助理教授及其他专业人士。他们来自世界各地，包括美国、加拿大、英国、澳大利亚、法国、德国、日本等国家。

这些具有多元背景的教职员工为中国人民大学带来了丰富的学术资源和全球视野。他们不仅在各自的学科领域有着深厚的造诣，还能够为学生提供跨文化的学习经验和全球化的教育。他们的参与不仅丰富了教学内容，也推动了学术研究的国际化与创新。

中国人民大学的这一举措，极大地促进了教育的多样性和开放性，提升了学生的全球竞争力。学生们可以接触到来自不同文化背景的教师，拓宽了视野，培养了跨文化交流和合作的能力。同时，具有多元背景的教职员工也为中国人民大学树立了国际化的形象，吸引了更多具有国际视野的学生和学者。通过聘请具有多元背景的教职员工，中国人民大学倡导学术多样性、文化多元性和国际交流合作，致力于培养具有全球视野和跨文化素养的人才。

（六）建立跨部门合作机制

高校内部的不同部门可以建立紧密的合作机制，共同推动文化多样性的实践。例如，教育部门、国际交流部门、文化活动部门等可以共同组织活动和项目，促进文化多元性的实践。

中国高校中建立跨部门合作机制的一个例子是上海交通大学的"学科交叉与跨学科研究中心"（Interdisciplinary Research Institute，IRI）。IRI 是一个促进不同学科领域之间合作与交流的机构。该中心由多个学科领域的教师和研究人员组成，包含了工程、科学、医学、社会科学等领域。它的目标是促进学科间的互动与合作,培养跨学科的研究团队,推动创新性研究的开展。

IRI 的成立为上海交通大学不同学科之间的合作提供了平台和机制。它定期举办学术研讨会、讲座,鼓励不同学科的教师和研究人员进行交流与合作。此外,IRI 还设立了跨学科的研究项目资助,支持教师和研究人员开展跨学科研究,推动学科间的交叉融合。通过建立跨部门合作机制,上海交通大学的 IRI 促进了学科之间的交流与合作,加强了学术研究的创新性和多样性。它打破了传统的学科壁垒,促进了知识的跨界传播与创新。同时,IRI 也为学生提供了更丰富的学术资源和研究机会,培养了学生的跨学科思维和解决复杂问题的能力。上海交通大学的 IRI 是中国高校中跨部门合作机制的一个成功案例,它为高校的学科发展和学术研究提供了新的模式和路径。通过跨学科合作,高校能够更好地应对复杂的社会问题和科学挑战,推动学术研究的创新和跨学科知识的生成。

另一个中国高校中建立跨部门合作机制的例子是浙江大学的"综合研究中心"。浙江大学的综合研究中心是一个跨学科的研究机构,旨在促进不同学科领域之间的合作与交流。该中心由多个学院和研究机构共同组成,包括工程、科学、人文社科等领域的教师和研究人员。

综合研究中心致力于推动学科之间的融合与交叉研究。它提供了一个平台,使不同学科的教师和研究人员能够共同参与跨学科的研究项目和合作课题。综合研究中心组织定期的学术研讨会、讲座和研究交流活动,促进学科间的互动与合作。综合研究中心的建立使得浙江大学的教师和研究人员可以跨越学科边界,共同开展具有重大影响的研究项目。通过合作与交流,综合研究中心帮助解决了传统学科研究中的难题,促进了学科间的知识交流和创新。此外,综合研究中心还为学生提供了跨学科的学习和研究机会,培养了他们的综合素养和创新能力。

综合研究中心的成功经验表明,跨部门合作机制对于高校的发展和创新起到了重要作用。它打破了传统学科之间的壁垒,促进了知识的交叉融合和学术研究的创新。通过建立跨部门合作机制,高校能够充分利用学科间的优势,解决复杂问题,推动社会进步。

第二节　高校校园物质文化建设

一、高校校园物质文化的重要性和作用

高校校园物质文化指的是校园内物质环境、设施和资源等方面所呈现出的文化特征。它包括校园建筑、图书馆、实验室、教学设备、体育场馆、校园景观等各种物质元素。

高校校园物质文化是学校的重要象征和窗口。精美的校园建筑和景观设计可以展示学校的独特风貌和文化特色,营造积极向上、充满活力的校园文化氛围,对于校园文化的建设和品牌形象的塑造起到重要作用。高校校园物质文化的发展,为学生和教职员工提供了良好的学习和研究环境。先进的实验室、设备和图书馆等,为科研和学术交流提供了便利,有利于提升教育质量和学术水平。同时,良好的校园物质环境可以提高学生和教职员工的学习和工作效率,创造一个舒适、安全、健康的学习和生活空间。优质的教室、宿舍、餐厅等设施,能够满足学生的基本需求,为他们提供良好的学习和成长条件。另外,高校校园物质文化的优势和特色,可以提升学校的吸引力和竞争力。学生和家长在选择学校时,会考虑学校的物质条件和环境是否符合自己的期望和需求。拥有现代化的校园设施和资源,能够吸引更多优秀的师生加入学校,提升学校的声誉和知名度。

高校校园物质文化在高校发展中起到举足轻重的作用。它不仅提供了学习和研究的条件,也塑造了学校的形象和文化氛围,增强了学生学习和生活的舒适度,同时也增强了学校的吸引力和竞争力。高校应注重校园物质文化的建设和发展,不断提升学校的硬件设施和资源,为学生创造良好的学习和成长环境。

二、高校校园物质文化建设的主要内容和策略

高校校园物质文化建设的主要内容和策略涉及多个方面,以下是一些常见的内容和策略。

（一）校园建筑与设施

建设现代化的教学楼、实验室、图书馆等教育设施,满足学术和教学需求。提

供优质的学生宿舍,创造舒适的居住环境。建设多功能的体育馆、运动场地,促进体育锻炼。

（二）技术与信息设施

提供无线网络,方便师生进行学习和研究。配备先进的教学设备和多媒体技术,支持创新教学和互动学习。建立学生信息管理系统和电子图书馆,方便学生获取学术资料和信息资源。

（三）校园环境美化与景观设计

注重校园绿化,种植花草树木,打造宜人的校园景观。设计优美的校园路线和步行街,提供便捷的交通和良好的环境。设置休闲区域、艺术装置等,增添校园的文化氛围和艺术气息。

（四）资源整合与共享

搭建跨学科的研究中心和实验室,促进学科交叉和科研合作。开展资源共享与开放共享平台,提供学术资料、研究成果等资源。建立创业孵化中心和科技园区,支持学生的创新创业活动。

（五）环保与可持续发展

推行绿色校园理念,采用节能环保的建筑材料和设备。开展环保宣传教育活动,提高节约资源和环境保护的意识。鼓励绿色出行和低碳生活方式,减少对环境的影响。

在实施校园物质文化建设时,高校可以采取以下策略:制定长期规划和发展目标,明确物质文化建设的重点和方向。加强投入资金和筹集资金,通过校内外资源整合,争取政府和社会的支持。积极引入先进技术和设备,不断更新校园设施和信息技术。关注师生需求和意见,进行调研和评估,及时改进和调整建设方案。强化管理与维护,确保物质文化设施的有效使用和长期可持续发展。建立合理的资源分配机制,促进各部门之间的合作与协调。

高校校园物质文化建设的主要内容和策略旨在提供良好的学习、生活和研究环境,促进学生和教职员工的全面发展,打造具有竞争力和吸引力的学校形象。

三、物质文化建设对高校校园文化建设的影响与启示

高质量的教室、实验室和图书馆等教育设施能够提供舒适的学习环境,有利于学生的学习效果的提升。先进的技术设备和多媒体教学工具可以支持教师创新教学方法和开展互动学习,提高教学质量和效果。优质的学生宿舍和校园设施可以为学生提供舒适的居住条件和丰富的生活体验,增强学生的归属感和幸福感。校园环境美化和景观设计能够营造出浓厚的文化氛围,激发学生的学术兴趣和创造力。先进的信息技术设施和电子资源平台可以为学生和教师提供丰富的学术资料和研究资源,促进学术交流和知识共享。物质文化建设的高水平和现代化程度能够提升学校的声誉和知名度,吸引优秀的师生加入。

因此,高校校园文化建设必须注重物质文化建设,不断改善和提升校园的物质条件,以满足学生和教职员工的需求。物质文化建设为学校提供了有利的条件和平台,促进了学生的全面发展、教学质量的提高和学术创新的推进。它对高校校园文化建设的影响与启示是在创造良好的学习、生活和工作环境的基础上,培养具有创新思维、社会责任感和全球视野的学生,推动学术研究和学科交叉,塑造积极向上的校园文化氛围,提升学校的竞争力和影响力。

第三节 高校校园精神文化建设

一、高校校园精神文化的定义和核心价值

高校校园精神文化可以理解为高校内部形成的共同的信念、价值观和行为准则的总和,是高校特有的文化表达和传承方式。它是高校的精神气质和文化特色的集中体现,反映了高校成员共同追求的目标。

核心价值是高校校园精神文化的重要组成部分,它是高校校园精神文化所倡导和传递的基本原则和理念。以下是高校校园精神文化的一些核心价值。

(一)学术追求和创新精神

高校校园精神文化强调对学术的追求和对创新精神的培养。学术追求意味着对知识的渴求和不断的学习探索,而创新精神则鼓励学术界和学生在学术研

究、教学和社会实践中寻找新的解决方案和创新思维。

（二）人文关怀和社会责任

高校校园精神文化强调人文关怀和社会责任的重要性。它要求高校成员关心他人、尊重多样性、积极参与社会公益活动，以建设和谐、包容的社会为目标。

（三）独立思考和批判精神

高校校园精神文化倡导独立思考和批判精神。它鼓励学生和教职员工以客观、批判的眼光看待问题，不断质疑和追求真理，形成自己的独立思考能力和判断力。

（四）公正和公平

高校校园精神文化强调公正和公平的原则。它要求高校内部的决策和资源分配公正合理，对待每个成员一视同仁，并倡导尊重和包容不同观点的多样性。

（五）团队合作和合作精神

高校校园精神文化鼓励团队合作和对合作精神的培养。它强调通过团队合作实现共同目标，鼓励高校成员之间的互助、协作和知识分享。

这些核心价值构成了高校校园精神文化的重要组成部分，并指导着高校成员的行为和决策。高校校园精神文化的建设旨在培养具有综合素质、社会责任感和国际视野的人才，推动学术研究和社会发展的进步。

二、高校校园精神文化建设的主要途径和方法

高校校园精神文化建设是一个系统工程，需要采取多种途径和方法来推进。通过教育引导和课程设置，将校园精神文化的核心价值融入教育教学。可以开设相关的思想道德修养、人文社会科学等课程，培养学生的价值观念和道德观念。平时可以举办各种形式的校园文化活动，如学术讲座、文化展览、艺术表演等，为师生提供展示才华、交流学术和艺术的平台，激发学生的创造力和创新精神。鼓励学生参与各类社团和组织活动，如学术研究团队、志愿服务组织等，培养学生的团队合作意识、领导能力和社会责任感。建立导师制度，为学生提供个性化的学术和生活指导，培养学生的自主学习和发展的能力。辅导员在校园文化建设中扮演重要角色，负责学生思想教育、心理辅导和文化活动组织等工作。营造良好的校园环境和设施,包括图书馆、实验室、体育设施等,为师生提供学习、研究和交流的场所,为校园文化建设提供物质基础。积极开展国际交流与合作,引进国际化的教育资源和先进的教育理念,促进跨文化交流与理解,培养学生的国际视野和全球意识。制定相关的文化建设制度和政策,为校园精神文化建设提供保障和支持。建立评价机制,对校园文化建设的成果和质量进行评估和激励。

通过以上途径和方法,高校可以促进对校园精神文化的建设,培养具有良好思想道德素质、创新精神和社会责任感的学生,推动学校的发展和社会进步。

三、高校校园精神文化建设对学生发展的意义和影响

高校校园精神文化建设对学生的发展具有重要的意义和深远的影响,通过积极引导和塑造学生的价值观念,培养学生的道德观念、社会责任感和职业道德,促使学生形成积极向上、品德高尚的人格。校园精神文化建设注重学术研究、创新实践和学科交流,能够激发学生的学术兴趣和创新能力,培养学生的学术素养和独立思考能力,为学生的学术发展奠定坚实基础。高校校园精神文化建设关注学生的全面发展,通过开展丰富多样的文化活动、体育运动等,培养学生的综合素质,提高学生的领导能力、团队合作能力和创新能力。校园精神文化建设注重培养学生的职业素养和职业道德,提供实习、就业指导和创业支持,帮助学生规划职业发展,增强就业竞争力。

高校校园精神文化建设为学生提供广泛的交流合作平台,培养学生的人际交往能力和团队合作能力,提高学生的社会适应能力,为其未来的社会生活打下基础。此外,通过国际交流与合作,培养学生的跨文化沟通能力和增强学生的国际视野,使他们具备面向世界的竞争力和发展潜力。

总之,高校校园精神文化建设对学生的发展具有深远的意义和积极的影响,可以帮助学生塑造正确的价值观念、提升学术能力、培养综合素质、提高职业竞争力,并为学生的个人成长和社会发展作出积极贡献。

第四节　高校校园文化的内涵与外延建设

一、高校校园文化的内涵拓展

（一）校园文化的知识传承与创新

校园文化的知识传承与创新是高校校园文化建设中至关重要的方面，它涉及知识的传递、积累、创新和应用。

1. 知识传承

传统文化传承：高校校园文化应积极传承和弘扬传统文化，包括国学经典、艺术形式、民族传统等。通过开设相关课程、组织文化讲座和展览等活动，将传统文化知识传承给学生，并让学生了解和尊重自己民族的文化传统。

学科知识传承：高校校园文化应注重对学科知识的传承，包括各个学科领域的理论、方法和实践经验。通过教学、科研、学术交流等途径，将学科知识传授给学生，并培养学生的学术素养和研究能力。

2. 知识创新

科研创新：高校校园文化应鼓励学生和教职员工进行科学研究和创新实践，提供良好的科研平台和资源支持。通过开展科研项目、组织科研竞赛、举办学术论坛等活动，激发学生和教职员工的创新意识和创新能力，推动学术进步和科技创新。

创业创新：高校校园文化应鼓励学生创业和创新，培养学生的创业意识和创业能力。通过创业教育课程、创业实践基地和创业导师等资源，为学生提供创业支持和指导，鼓励他们在创新创业领域实践和探索。

3. 知识传承与创新在校园文化建设中起着重要作用

保持文化的延续性：通过知识传承，学校能够保持和传承自身的文化传统和学术优势，使其在不断变化的时代中保持活力和影响力。

推动学术进步：通过知识创新，学校能够不断推动学术进步和科技创新，培养学生的研究能力和创新思维，为社会发展作出贡献。

培养综合素质：知识传承与创新不仅涉及学科知识，还包括人文素养、创新能力和实践技能等方面，通过对这些综合素质的培养，学校能够为学生全面发展提供支持和指导。

因此,高校校园文化建设应注重知识传承与创新,通过有效的教育和培养方式,将丰富的知识传授给学生,激发他们的创新潜能,并培养他们成为具有学术素养和创新能力的社会人才。

(二)校园文化的艺术表达与审美体验

校园文化的艺术表达与审美体验是高校校园文化中重要的组成部分,它涉及艺术形式的展示、艺术作品的创作和观赏过程。以下是对校园文化的艺术表达与审美体验的详细阐述。

1. 艺术表达

艺术作品创作:高校校园文化鼓励学生和教职员工进行各种艺术创作,包括绘画、雕塑、音乐、舞蹈、戏剧等多种艺术形式。通过开设相关课程、建设艺术工作坊、举办比赛等,激发创作灵感,培养创造力,提高艺术表达能力。

艺术展示与演出:高校校园文化提供展示和演出的平台,展示学生和教职员工的艺术作品。高校通过举办艺术展览、音乐会、舞蹈演出和戏剧表演等活动,让更多的人欣赏和体验艺术的魅力。

2. 审美体验

观赏艺术作品:高校校园文化通过艺术展览和演出,为学生和教职员工提供欣赏艺术作品的机会。这些作品包括绘画、雕塑、音乐、舞蹈、戏剧等,通过观赏艺术作品,人们可以感受到艺术的美。

参与艺术活动:高校校园文化鼓励学生和教职员工参与各种艺术活动,如合唱团、乐团、舞蹈团、话剧社等社团组织。通过参与这些活动,人们能够亲身体验艺术创作和表演的乐趣,锻炼自己的艺术技巧和团队合作能力。

艺术表达与审美体验在校园文化建设中起着重要作用:艺术表达丰富了校园文化的内涵,为学校创造了独特的艺术氛围,使校园更具活力和吸引力。通过艺术表达与审美体验,人们能够培养对美的感知和欣赏能力,提升审美情趣,培养人的艺术修养和审美素养。艺术作品能够触发人们的情感共鸣,通过观赏和创作艺术作品,人们能够表达自己的情感,促进情感的交流与分享。艺术表达激发了人们的创造力和想象力,培养了创新思维,提高了问题解决能力,对学生的综合发展具有积极影响。因此,高校校园文化建设应重视艺术表达与审美体验,通过丰富的艺术活动和展示,培养学生对艺术的热爱和欣赏能力,促进校园文化的多元化和艺术氛围的形成。

(三)校园文化的社会责任与公共参与

校园文化的社会责任与公共参与是高校校园文化建设中至关重要的方面,它涉及高校对社会的责任意识、公共参与机制和社会影响力。以下是对校园文化的社会责任与公共参与的详细阐述。

1. 社会责任

高校校园文化致力于培养学生的社会责任意识,使他们意识到自己作为大学生的社会角色和使命,关注社会问题并积极参与解决。高校校园文化鼓励学生和教职员工参与社会公益活动,如志愿者服务、社区活动、环境保护等,通过实际行动回馈社会,为社会作出贡献。

2. 公共参与

高校校园文化鼓励学生参与学生自治组织,如学生会、社团联合会等,为学生提供发声平台,增加学生对校园事务的参与和决策。高校校园文化倡导建立多元参与机制,包括学生代表制度等,鼓励学生、教职员工和校外利益相关者参与校园决策和管理,形成多元化的参与和决策模式。

通过校园文化的社会责任教育,学生能够增强社会责任感和使命感,培养为社会作贡献的意识和行动能力。校园文化的公共参与机制能够培养学生的公民意识,提高公共事务参与能力,提升他们的社会参与能力和领导才能。高校校园文化通过社会责任和公共参与,能够树立良好的社会形象,提升高校的社会声誉和影响力。因此,高校校园文化建设应重视社会责任和公共参与,积极引导学生和教职员工参与社会公益活动,营造多元参与的环境,以促进学生的全面发展和高校社会形象的提升。

二、高校校园文化的外延拓展

(一)校内外文化交流与合作

校内外文化交流与合作是高校校园文化建设中的重要组成部分,它促进了不同文化之间的互相了解、交流与融合。以下是对校内外文化交流与合作的详细阐述。

1.校内文化交流与合作

学生交流活动：高校可以组织各类学生交流活动，如学生文化节、艺术展览、演出比赛等，为学生提供展示自己才艺和文化特色的平台。

学术交流与研讨：高校可以举办学术研讨会、讲座和学术交流活动，邀请国内外学者、专家进行学术演讲和交流，促进学术思想的碰撞和学科交叉融合。

学院合作项目：不同学院之间可以开展合作项目，如共同研究项目、学科交叉课程设置、双学位合作等，为学生提供跨学科的学习机会，培养综合能力。

2.校外文化交流与合作

学生实习与社会实践：高校可以与企事业单位、社会组织等建立合作关系，为学生提供实习和社会实践的机会，让学生接触社会并与外部文化进行交流。

国际交流与合作：高校可以积极开展国际交流与合作项目，包括与海外大学的学术交流、学生交换项目、国际研究合作等，促进不同国家和地区的文化交流与互鉴。

校内外文化交流与合作的意义和影响是深入而长远的：校内外文化交流与合作可以促进不同文化之间的相互了解和包容，拓宽学生的视野，培养跨文化交流与合作的能力，提升文化多样性的意识和素养。

丰富学生体验与成长：通过参与校内外文化交流与合作，学生能够拓展自己的社交空间，提升自我认知和自信心，培养创新思维和合作精神，促进学生全面发展和个人成长。积极开展校内外文化交流与合作可以提升高校的社会声誉和影响力，吸引更多优秀的学生和教师加入，增强高校在国内外的知名度和竞争力。

为了推动校内外文化交流与合作，高校可以制定相应的政策和规章制度，建立跨部门合作机制，加强师生间的沟通和合作，同时积极寻求外部资源支持和寻找合作伙伴，共同营造积极、开放、多元的校园文化氛围。

（二）跨学科融合与创新实践

跨学科融合与创新实践是指将不同学科的知识、方法和思维方式相结合，以解决复杂问题和推动创新。以下是对跨学科融合与创新实践的详细阐述。

1.跨学科融合

不同学科之间可以进行交流和合作,分享各自的专业知识和方法,从而形成跨学科的合作研究团队。这种跨学科的合作可以促进不同学科间的相互借鉴和交流,提升创新能力和解决问题的能力。高校可以设计跨学科的课程,将不同学科的知识和观念融入教学,让学生能够跨学科地学习和思考问题。这种跨学科课程可以培养学生的综合能力和跨学科思维,拓宽他们的学术视野。高校还可以设立跨学科研究中心或实验室,聚集不同学科的研究人员,开展跨学科的研究项目。这种跨学科研究中心可以提供一个合作交流的平台,促进学科间的融合和创新。

2.创新实践

高校可以组织各类实践项目和创新竞赛,鼓励学生运用所学知识和技能解决实际问题。这些实践项目和竞赛可以跨越不同学科,让学生在实际应用中培养创新思维,提高解决问题的能力。开设创新创业培训课程,可以培养学生的创新思维和创业能力。这种培训可以跨学科地教授创新方法、市场分析、商业模式等知识,激发学生的创新潜能。高校可以鼓励教师和学生参与跨学科的研究项目,通过团队合作解决复杂问题。这种跨学科的研究项目可以促进不同学科间的融合和创新,推动学术领域的进步。

跨学科融合与创新实践的意义在于打破学科间的界限,促进学术的交流与合作,培养学生的综合能力和创新思维。它能够培养学生的跨学科思维和解决问题的能力,培养具有创新意识和创业精神的人才。同时,跨学科的合作和研究可以促进学术领域的创新和进步,推动社会的发展和进步。

(三)国际视野与全球合作

国际视野与全球合作是高校校园文化建设中的重要方面,它强调了开放、多元和全球化的教育理念。以下是对国际视野与全球合作的详细阐述。

1.国际视野

培养学生对不同文化、价值观和观念的理解和尊重,增强他们的跨文化沟通和交流能力。这有助于学生开拓国际视野,提升全球化背景下的适应能力。通过与国外高校的交流与合作,学生可以接触到不同国家和地区的学习环境和教育模式,增加他们的国际化经验和知识。这种交流有助于拓宽学生的学术视野和思维方式,提高他们的全球竞争力。开展跨国的研究项目可以促进学术领域的合作与创新,推动学术界的国际化发展。这种合作可以促进知识的共享与交流,解决全球性的问题,为社会发展提供新的思路和解决方案。

2. 全球合作

与国外高校、企业或机构合作开展项目,共同解决全球性问题,推动科研成果的转化和应用。这种全球合作可以加强学校与国际社会的联系,提升学术声誉和影响力。通过与国外高校的学生交换项目,学生可以与来自不同国家和地区的学生互动和合作,增进彼此的了解和友谊。这有助于培养学生的国际交往和合作能力,提升他们的跨文化沟通技巧。组织国际性的学术研讨会,吸引国内外学者和专家参与,可以促进学术界的交流与合作。这种全球合作可以促进学术界的创新和发展,推动学术成果的传播和应用。

国际视野与全球合作的重要性在于培养具有国际竞争力的人才,推动学术领域的交流与合作,促进全球社会的和谐与发展。通过与国际社会的互动与合作,高校可以为学生提供广阔的发展平台,让他们在国际化的环境中成长,拓展自己的职业道路,并为国家和社会的发展作出贡献。

第五节　高校校园数字文化建设

所谓数字文化,是指在数字化时代中产生、传播和表达的文化形式和内容。它涵盖了数字技术在文化领域的应用,包括数字媒体、网络文化、在线社交、虚拟现实等方面。数字文化借助数字技术的支持,以数字化的形式呈现和传播文化内容,打破了传统的时空限制,促进了信息的快速流动。数字文化不仅改变了人们对文化的获取和参与方式,也为文化的创造、表达和传承带来了新的可能性。它不仅是一种工具和媒介,更是一种文化现象和表达形式,塑造着当代社会的文化风貌和生活方式。

一、数字文化在高校校园文化建设中的地位和作用

数字文化在高校校园文化建设中具有重要的地位和作用。以下是对数字文

化在高校校园文化建设中的详细阐述。

（一）信息传播与共享

数字文化为高校提供了快速、高效的信息传播和共享平台。通过网络、社交媒体和在线平台,学校可以传达重要信息、活动通知和学术成果,实现信息的及时性和广泛性传播,提升校园文化的可见性和影响力。

（二）学习与教育创新

数字文化为高校学习和教育带来了革命性的变化。学生可以通过在线学习平台获取丰富的教育资源,参与远程教育和虚拟实验,促进学习的个性化和自主性发展。教师可以借助数字技术创新教学方法,提供多样化的教学内容和交互方式,激发学生的学习兴趣和创造力。

（三）文化创意与艺术表达

数字文化为高校校园文化注入了新的创意和表达方式。学生可以通过数字媒体、设计软件和创作工具展现自己的艺术才华,参与音乐、舞蹈等文化活动,拓展艺术表达的边界,丰富校园文化的内涵。

（四）社交与参与互动

数字文化为高校社交和参与提供了全新的平台。学生可以通过社交媒体、在线论坛和协作工具与同学、教师和校园组织进行互动和合作。数字技术还可以支持学生参与校园活动的管理与组织,提高校园参与度和凝聚力。

（五）数据分析与决策支持

数字文化为高校提供了大量的数据资源,通过数据分析和挖掘,可以获取对校园文化建设有益的信息。学校可以利用数据来评估校园文化活动的效果和影响,制定针对性的策略和决策,优化校园文化建设的方向和效果。

综上所述,数字文化在高校校园文化建设中扮演着不可或缺的角色。它不仅促进了信息传播和教育创新,丰富了文化创意和艺术表达,还促进了社交互动,提高了参与度,提供了数据支持和决策依据。高校应充分利用数字文化的优势,将其融入校园文化建设的方方面面,不断推动高校校园文化的创新和发展。

二、高校校园数字文化建设的主要内容和策略

高校校园数字文化建设的主要内容和策略包括以下方面。

（一）基础设施建设

高校需要建立先进的信息技术基础设施，包括网络系统、计算机设备和软件工具等，以支持数字化的教学、研究和管理活动。

（二）数字化课程和教学资源

高校可以将课程内容数字化，开发在线学习平台和教学资源库，提供丰富的数字化学习资源，如在线课程、电子书籍、教学视频等，以促进学生的自主学习。

（三）数字化科研和创新

高校可以鼓励教师和学生利用数字技术进行科研和创新活动，包括数据分析、模拟实验、虚拟现实等，以提高科研成果的质量和效率。

（四）数字化校园管理

高校可以采用数字化的方式进行校园管理，包括在线选课、电子档案管理、在线评教等，提高管理效率和服务质量。

（五）数字化文化活动和社交平台

高校可以组织丰富多样的数字化文化活动，如在线音乐会、虚拟艺术展览、数字影视作品展播等，同时建立校园社交平台和在线社群，促进师生之间的交流和合作。

（六）数字化安全和隐私保护

高校需要重视数字化环境下的安全和隐私保护问题，加强网络安全建设，制定相关政策和规范，保护师生的个人信息和知识产权。

高校校园数字文化建设的主要内容和策略涵盖了基础设施建设、数字化课程和教学资源、数字化科研和创新、数字化校园管理、数字化文化活动和社交平台，以及数字化安全和隐私保护等方面，旨在提升高校教育教学的质量和效率，促进学生的全面发展和培养学生的创新能力。

三、数字化技术对高校校园文化建设的影响与挑战

数字化技术对高校校园文化建设的积极影响毋庸置疑，它在提升学生互动与参与、丰富文化体验、促进跨文化交流等方面优势明显。然而，也需要应对数字鸿

沟、网络安全和隐私保护等挑战,确保数字化技术的应用能够为高校校园文化建设提供更好的支持和保障。

(一)积极影响

1. 提升互动与参与

数字化技术提供了更多互动和参与的机会,学生可以通过在线平台参与文化活动、展示自己的作品,增强对校园文化的参与度和活跃度。

2. 丰富文化体验

数字化技术为学生提供了更多丰富多样的文化体验,例如,通过虚拟现实技术参观艺术展览、观看全球范围的演出等,扩展了学生的文化视野和体验空间。

3. 提供学习资源和平台

数字化技术为学生提供了丰富的学习资源和在线学习平台,使他们能够自主学习、随时随地获取知识,并与其他学生和教师进行交流和合作。

4. 促进跨文化交流

数字化技术打破了地域和时间的限制,使得跨文化交流变得更加便利和广泛。学生可以通过在线平台与国际学生交流,参与跨文化的合作项目,促进不同文化之间的相互理解和交流。

(二)困难与挑战

1. 数字鸿沟

部分学生可能由于经济或技术条件的限制无法充分享受数字化技术带来的机会,导致数字鸿沟的存在。这需要高校采取措施确保所有学生都能平等地获得数字化教育资源和机会。

2. 网络安全与隐私保护

数字化技术的广泛应用也带来了网络安全和隐私保护的问题。高校需要加强网络安全意识教育,建立健全的信息安全管理体系,保护学生和教师的个人隐私和信息安全。

3. 技术更新与培训需求

数字化技术的不断更新换代,需要学校及时跟进和更新设备和软件,同时为教师和学生提供相关培训和支持,以提升他们的数字技术能力和应用水平。

第六节　高校校园文化建设高质量发展策略

一、高质量发展的概念和要求

高质量发展的校园文化建设,是指以提升文化内涵和品质为核心,以学生发展和社会责任为导向,通过全方位的策略和措施,推动校园文化的全面提升与持续发展。它包括塑造积极向上的文化氛围、培育积极健康的价值观体系、开展丰富多样的文化活动、构建良好的制度建设等方面,旨在为学生提供良好的学习和成长环境,培养全面发展的人才,同时,以学校的文化影响力和社会责任为引领,推动社会文化的进步和发展。

校园文化建设要注重丰富内涵,提升文化品位和质量,注重学术研究、人文关怀、创新创业等方面的发展,使学校的文化具有深度和广度。尊重多元文化,促进文化多样性的发展,使校园成为一个包容和共融的文化空间。校园文化建设要以学生为中心,关注学生的需求和兴趣,提供丰富多样的文化活动和机会,培养学生的综合素质和创新能力,促进学生全面发展。同时要具备可持续发展的能力,注重长期规划和管理,确保文化建设的稳定性和延续性,保持持续的创新和进步。校园文化建设要与外部社会进行开放合作,积极与其他高校、社会组织、文化机构等进行交流与合作,拓宽校园文化的影响力,促进校园文化的共同发展。校园文化建设还要承担起社会责任,关注社会问题和热点,通过文化活动和实践项目,传递正能量,培养社会责任感和公民意识,为社会发展作出积极贡献。

以上要求是高质量发展的校园文化建设的基本方向,通过实践和不断的探索,可以逐步完善和提升校园文化的质量和水平,实现学校和社会的共同发展。

二、高校校园文化建设的高质量发展策略和保障机制

高校领导层对高质量发展的校园文化建设给予重视并提供支持,积极引领校园文化建设的方向和目标,制定相应的政策和措施,为高质量发展提供充足的人力、物力、财力等资源投入,确保校园文化建设的顺利进行,包括建立专门的经费支持机制和资源调配机制。通过机制创新和体制改革,激发校园文化建设的活力

和创新力,打破部门之间的壁垒,促进跨学科合作和资源共享。建立科学的评估和监测机制,对校园文化建设的效果进行定期评估和监测,及时发现问题并采取相应的改进措施。鼓励学生参与校园文化建设的各个环节,给予学生更多的自治权和决策权,使他们成为校园文化建设的积极参与者和主体。与其他高校、文化机构、社会组织等建立合作关系,开展跨界合作项目,共同推进校园文化建设的高质量发展,获得外部资源和支持。注重培育学术和人文关怀的文化氛围,加强学术研究、人文教育和社会关怀,为校园文化建设提供有力的学术和人文支撑。

这些关键因素和保障机制相互关联,共同推动高质量发展的校园文化建设,确保其持续稳定地向着更好的方向发展。

第七节　高校校园文化建设的国际化视野与合作

一、国际化视野对高校校园文化建设的重要性和意义

在当今全球化的时代背景下,培养具有国际竞争力和跨文化素养的人才已成为高校的使命之一。国际化视野为校园文化建设带来的影响是多方面的。国际化视野能够拓宽师生的思维视野,使他们对不同国家和文化的多样性有更全面的了解和认识。这有助于培养开放、包容、多元的思维方式,激发创造力。国际化视野鼓励师生之间的跨文化交流和互动,帮助他们了解不同文化背景下的思维方式、价值观和行为规范。通过跨文化交流,可以增进相互的理解、尊重和友谊,促进文化的交流与融合。

随着全球化的加速发展,具备国际背景和跨文化交流能力的人才更受国际企业和机构的青睐。培养具备国际竞争力的人才,需要高校在校园文化建设中注重对国际化视野的培养。国际化视野能够促进高校与国际间的合作与交流。通过与海外高校、机构、学者等建立合作关系,开展学术交流、科研合作、人才培养等活动,加强国际间的合作与交流,共同推动高校校园文化的发展。另外,国际化视野能够培养师生的全球社会责任感。了解全球性的社会、环境和发展的问题,关注全球公共利益,并积极参与解决方案的探讨和实施,培养具有全球视野和社会责

任感的师生,可以为高校校园文化建设注入新的活力和动力。

二、高校校园文化国际化的主要内容和途径

高校校园文化国际化的主要内容和途径包括以下几个方面。

(一)多元化的学术文化

鼓励教师和学生参与国际学术交流,邀请国际知名学者来校讲学和合作研究,推动国际学术交流活动的开展。建立国际合作项目和研究中心,促进学科交叉融合和合作创新。

(二)跨文化交流与合作

积极开展国际学生交流项目,吸引来自不同国家和地区的学生到校学习,推动跨文化交流与合作。建立国际交流平台和社团组织,为国际学生提供交流的机会和平台,组织文化交流活动、国际文化节等。

(三)外语教育与语言培训

加强外语教育,提供全面的语言培训课程,提高学生的语言能力和跨文化交流能力。建立国际化的语言交流中心,提供语言学习资源和支持,开展语言交流活动和语言考试。

(四)国际合作与交流项目

积极参与国际合作与交流项目,包括学术交流、科研合作、师生互访等。与海外高校、研究机构、企业等建立合作伙伴关系,共同开展项目和合作,推动国际合作与交流的深入发展。

(五)国际化的教育环境与服务

为国际学生提供良好的教育环境和生活服务,包括住宿、就餐、医疗、安全等方面的支持和保障。建立国际学生服务中心,提供综合服务和支持,解决国际学生在学习和生活中的问题和困难。

(六)跨国交流与实习机会

推动学生参与跨国交流和实习项目,为学生提供到海外高校、企业或组织实习的机会,增加学生的国际经验和跨文化能力。

（七）国际化的课程设置与教学模式

优化课程设置,增设国际化课程和选修课程,提供国际化教学资源和教材。引进先进的教学技术和模式,如在线教育、远程教育等,使教学资源国际化和多样化。

通过以上内容和途径,高校校园文化可以实现国际化,促进师生的国际交流与合作,培养具有全球视野和跨文化交流能力的人才,提高学校的国际影响力和竞争力。

三、国际合作与交流在高校校园文化建设中的作用和效果

国际合作与交流在高校校园文化建设中具有重要的作用和积极的效果。国际合作与交流为师生提供了与来自不同国家和地区的人士互动和交流的机会,有助于增进彼此之间的跨文化理解和尊重。通过与国际伙伴的互动,师生能够拓宽视野,了解不同文化的价值观、思维方式和行为习惯,增强跨文化交流能力。国际合作与交流为高校提供了与海外院校、研究机构和学者进行学术交流与合作的平台。通过学术研讨会、国际学术交流项目等形式,师生可以分享最新的学术成果,开展合作研究项目,提升学术水平和科研能力。通过与国际教育机构的合作与交流,高校能够借鉴先进的教学方法和教育理念,引进国际化的课程设置与教学资源。师生能够接触到多元的教学模式和教材,拓宽知识视野,提高教学质量和效果。国际合作与交流为学生提供了到海外高校、企业或组织实习的机会,增加了学生的国际经验。通过与不同国家的学生交流合作,学生能够增强跨文化沟通能力、团队合作能力和领导力,提升综合素质与竞争力。

国际合作与交流还有助于提升高校的国际知名度和声誉,增强学校的国际影响力和竞争力。与国际合作伙伴的深入合作,能够推动学校在教育、科研、人才培养等领域的发展,吸引更多国际学生和学者来校学习和研究,进一步提升学校的国际地位。

总之,国际合作与交流在高校校园文化建设中发挥着重要作用,能够促进跨文化理解与交流,提升学术水平与教学质量,拓展学生的国际视野,提高学校的国际影响力与竞争力。

中国高校在国际合作与交流方面有许多成功的例子,上海交通大学就是其中之一。上海交通大学在国际合作与交流方面一直处于领先地位,与世界各地的高校、研究机构和企业建立了广泛的合作关系。以下是该校在国际合作与交流方面的几个突出举措。

世界一流大学联盟(The Global Network of Research Universities):上海交通大学是该联盟的成员之一,该联盟是一个由全球顶尖大学组成的国际联盟,旨在促进高等教育领域的合作与创新。该联盟的成员来自不同国家和地区,代表了世界各个学术领域的卓越研究机构。通过共享资源、开展合作项目、促进学术交流与合作,世界一流大学联盟致力于推动教育的国际化、跨学科的研究合作和全球范围内的人才培养。该联盟为成员大学提供了一个广阔的平台,让成员大学能够共同解决全球性挑战、推动社会进步,并使成员大学通过相互学习和合作不断提升教育质量和影响力。通过与联盟成员的合作,上海交通大学能够开展跨学科的研究项目,共享教学资源,推动学术交流与合作。

海外交流项目:上海交通大学积极开展与国际高校的学生交流项目,包括交换生项目、夏季学校、短期访学等。学生可以到海外高校学习一学期或一年,与当地学生深度交流,体验不同的教育环境和文化氛围,拓宽视野,提升国际交流能力。

国际合作研究中心:上海交通大学设立了多个国际合作研究中心,与国际知名大学和研究机构合作,在共同关注的领域开展前沿研究。这些合作研究中心涵盖了多个学科领域,如工程、医学、经济等,为学术交流与合作提供了平台。

国际学术会议与研讨会:上海交通大学定期举办国际学术会议和研讨会,邀请国际知名学者和专家来校交流与合作。这些学术活动涵盖了广泛的学科领域,促进了学术界的交流与合作,推动了学科的发展。

通过这些国际合作与交流举措,上海交通大学不仅在学术研究上取得了突出成果,也为学生提供了广阔的国际化学习和发展的机会。这些成功的实践不仅在国内具有影响力,也在国际教育领域建立了良好的声誉。

中国农业大学是一个在国际合作与交流方面取得显著成就的高校。该校与许多国际知名大学建立了广泛的合作关系,开展了多种形式的国际交流活动。例如,中国农业大学与美国康奈尔大学合作成立了联合研究院,致力于推动农业科技创新和可持续农业发展。该校还与澳大利亚昆士兰大学、荷兰瓦赫宁根大学等合作开展了联合培养项目,为学生提供了参与国际交流和学习的机会。此外,中国农业大学还定期举办国际学术研讨会和国际合作论坛,邀请国际知名学者和专家参与,促进学术交流和合作研究。这些举措提升了学校的国际影响力,拓宽了学生的国际视野,促进了国际间的学术合作和人才培养。

中国海洋大学是在国际合作与交流方面取得显著成就的高校之一。该校积极推进国际化办学战略,与全球许多高水平大学建立了广泛的合作关系。其中一个成功的例子是中国海洋大学与美国伍兹霍尔海洋研究所(Woods Hole Oceanographic Institution)的合作。双方合作开展海洋科学研究和人才培养,共同推动海洋科技创新和海洋保护。他们共同建立了中国海洋大学—伍兹霍尔联合研究中心,开展了一系列跨学科的合作项目,包括海洋科学研究、海洋观测与探测技术、海洋环境保护等领域。通过合作,中国海洋大学的师生得以参与具有国际领先水平的海洋科学研究,拓宽了研究视野,提升了科研能力。这种国际合作模式为学校的国际交流和合作提供了有力支持,推动了学校的国际影响力,提升了学术声誉。

华中科技大学是中国高校在国际合作与交流方面的杰出代表之一。该校积极开展国际化办学,与众多国际知名大学建立了广泛的合作关系。其中一个成功的例子是华中科技大学与德国亚琛工业大学(RWTH Aachen University)的合作项目。双方开展了多个领域的合作研究,包括工程科学、自然科学、医学等。他们共同组织了联合研究项目、学术交流活动、学生交换项目等,为师生提供了广阔的学术交流和合作的机会。此外,两校还共同设立了双学位项目,为学生提供了获得双方学位的机会。通过与亚琛工业大学的合作,华中科技大学在科学研究、学术交流、人才培养等方面取得了显著成果,提升了学校的国际影响力和竞争力。这样的国际合作案例为中国高校的国际化发展提供了有益借鉴,促进了学术交流和学科发展的融合。

第三章　高校校园文化建设的组织与管理

第一节　高校校园文化建设的组织原则及运行机制

一、高校校园文化建设的组织原则

高校校园文化建设的组织原则是指在推动和实施校园文化建设过程中所遵循的基本原则和指导思想。这些原则旨在确保高校校园文化建设的有效性、可持续性和整体性。以下是一些常见的组织原则。

（一）全员参与原则

高校校园文化建设需要广泛的参与和共同努力，包括教职员工、学生、管理人员和校友等各个群体。通过激发全员的积极性，可以形成合力，共同推动校园文化建设的发展。

（二）领导推动原则

高校校园文化建设需要得到领导层的高度重视和支持。校领导应发挥引领作用，设立相关机构或委员会负责校园文化建设，制定相应的政策和措施，并提供必要的资源和支持。

（三）文化自主性原则

校园文化建设应充分尊重和体现学校的特色和文化传统。每所高校都有自己独特的文化氛围和特点，因此，在校园文化建设中应注重保留和传承学校的传统，同时也要积极引入新的元素和进行创新。

（四）系统化规划原则

高校校园文化建设需要进行系统化的规划和管理。通过制订明确的发展计划，确保各项文化建设工作的有序推进，并建立相应的监测评估机制，及时调整和改进文化建设的策略和举措。

（五）多元融合原则

高校校园文化建设应注重融合多种文化要素。在建设过程中要尊重和包容不同的文化背景、观念和价值观，推动不同文化之间的对话和交流，促进文化的多样性和共生性。

（六）创新发展原则

高校校园文化建设需要不断创新和发展。随着社会的变化和发展，校园文化也需要与时俱进，引入新的理念、技术和方式，以适应新时代学生的需求和社会的要求。

以上原则可以为高校校园文化建设提供指导和支持，推动其实现高质量发展。

二、高校校园文化建设的运行机制

高校校园文化建设的运行机制是指为了有效推动和管理校园文化建设而建立的一系列机制和流程。这些机制旨在确保校园文化建设的有序运行、协调发展和持续改进。以下是高校校园文化建设的主要运行机制。

（一）组织架构机制

高校校园文化建设需要建立相应的组织架构，明确各个职能部门和岗位的职责和权限。高校通常会成立文化建设领导小组或委员会，负责整体规划和决策，并设立相应的文化建设部门或办公室，负责具体的实施和管理工作。

（二）制度政策机制

制定相关的制度和政策，明确校园文化建设的目标、原则、流程和要求。例如，制定校园文化建设规划和发展目标，制定相关的评价和奖励机制，以及制定文化活动管理和审批制度等。

（三）资源保障机制

高校校园文化建设需要充足的人力、财力、物力和信息资源的支持。高校通常建立相应的资源保障机制，包括经费预算和分配机制、人员配备和培训机制，以及设施设备的更新和维护机制等。

（四）参与与沟通机制

高校校园文化建设需要广泛的参与与合作。高校通常建立参与与沟通机制，包括与学生、教职员工、校友和社会各界的沟通。例如,设立文化建设委员会或工作小组,组织定期的座谈会、研讨会和文化活动,听取各方意见和建议。

(五)监测与评估机制

建立监测与评估机制,对校园文化建设的进展和效果进行定期评估和反馈。通过定期的调研、问卷调查、评估报告等方式,了解校园文化建设的情况和问题,并及时调整和改进策略和举措。

(六)学习与创新机制

高校校园文化建设需要不断学习和创新。高校通常建立学习与创新机制,包括开展培训和学习活动,提升相关人员的能力和水平。同时,鼓励创新和实践,探索新的文化建设模式和方法,不断丰富和完善校园文化建设的内容和形式。

通过对以上运行机制的有效建立和运行,可以保证高校校园文化建设的顺利进行,实现全面发展。同时,不断完善和调整这些机制,以使其适应时代的变化和需求,可以推动校园文化建设与高校发展相互促进、共同进步。

三、高校校园文化建设的组织架构与职责划分

高校校园文化建设的组织架构和职责划分是为了有效管理和推动校园文化建设工作,确保各个方面的工作协调有序。一般地,高校校园文化建设的组织架构和职责划分大体包括以下几方面的内容。

(一)校园文化建设领导小组

该领导小组由高校的领导班子成员组成,负责制定校园文化建设的总体规划和战略,统筹协调各项工作,制定重大决策和政策。它的职责包括:制定校园文化建设的长期发展战略和规划,明确校园文化的定位、目标和发展方向。领导小组需要根据学校的整体发展目标和需求,制定相应的校园文化建设规划,并确保规划与学校的整体发展战略相契合;组织和协调各类校园文化活动,包括艺术节、文化展览、演讲比赛、体育赛事等。领导小组需要统筹安排活动的时间、场地等,并确保活动的顺利进行。此外,领导小组还需要与各个相关部门、学生组织和社团进行协调合作,促进活动的多元化和丰富性,以及策划和推动各类校园文化项目的开展。领导小组需要深入了解学生和教职员工的需求,针对性地开展文化项

目,如艺术培训课程、文化讲座、文学创作活动等。领导小组需要确保项目的质量和效果,并与相关部门合作,提供支持和资源;建立健全的校园文化建设管理体系,明确各部门和人员在校园文化建设中的职责和权限,并形成协同合作的工作格局。领导小组需要制定相关的管理制度和流程,确保校园文化建设工作的有序开展和有效落地;监督和评估校园文化建设的成效,收集相关数据和反馈意见,并根据评估结果及时调整和优化工作策略。领导小组需要制定评估指标和方法,定期对校园文化活动进行评估,并根据评估结果制定改进措施,确保校园文化建设的质量和效果。

（二）文化建设办公室（或部门）

该部门是具体负责校园文化建设的执行机构,直接受校园文化建设领导小组领导。它负责规划、组织、推动和管理校园文化建设工作,确保校园文化的多样性和活力。该部门需要与各个相关部门和利益相关者紧密合作,共同营造丰富多彩的校园文化氛围,提升学生的综合素质。它的职责包括:策划和组织各类校园文化活动,如艺术展览、文化讲座、演出、比赛等。该部门需要根据学校的文化定位和发展目标,制定活动方案,并确保活动的顺利进行。该部门需要与相关部门、学生组织和社团进行协调合作,提供支持和资源;管理和运营学校的文化项目,包括艺术培训课程、文学创作、音乐演奏团等。该部门需要制订项目计划、招募和管理项目人员,并监督项目的进展和质量。该部门还需要与相关教师和专业人员合作,提供指导和支持,确保项目的顺利进行;整合和利用学校的文化资源,包括图书馆、美术馆、剧院等。该部门需要管理和维护这些资源,确保其正常运作和得到有效利用。该部门还可以通过与外部机构和个人合作,引入更多的文化资源,丰富校园文化的内涵和形式;校园文化的传媒和宣传推广工作,包括制作宣传资料、设计海报、管理官方网站和社交媒体等。该部门需要利用各种传媒渠道和平台,宣传校园文化活动和成果,增强学生和教职员工的参与度和认同感;研究和制定相关的文化建设政策和指导意见,为校园文化建设提供指导和支持。该部门需要关注国内外的文化发展趋势和政策动向,提出合理的建议和方案,促进校园文化建设的创新和发展。

（三）文化艺术中心（或部门）

该部门负责规划、组织、推动和管理校园内的艺术活动,培养学生的艺术兴趣和才能,丰富校园的文化氛围,并促进与外界的艺术交流与合作。该部门通过提供艺术教育、举办艺术活动和管理艺术资源,努力打造一个充满艺术氛围和活力的校园文化艺术环境。它的具体职责:策划和组织各类艺术活动,包括音乐会、舞蹈表演、戏剧演出、艺术展览等。该部门需要根据学校的文化定位和发展目标,确定艺术活动的主题和内容,并协调相关资源和人员,确保活动的顺利进行;开展艺术教育和培训工作,提供学生艺术修养的机会和平台。该部门可以组织音乐、舞蹈、绘画等艺术类课程和工作坊,培养学生的艺术兴趣和才能,并提供专业指导和支持;管理和利用学校的艺术资源,包括艺术设施、乐器、舞台等。该部门需要维护这些资源的正常运行和保养,确保其能够为艺术活动提供良好的环境和条件。同时,该部门还可以积极引入外部的艺术资源,丰富校园的艺术氛围;管理和指导学校的艺术团体,如合唱团、舞蹈队、戏剧社等。该部门需要招募和培养艺术团体的成员,组织排练和演出活动,提供专业指导和支持,帮助团体成员提高艺术水平和表现能力;组织和促进学校与其他学校、艺术机构、艺术家之间的艺术交流与合作。该部门可以举办艺术节、展览、研讨会等活动,为学生和教职员工提供与外界的互动和交流机会,拓展他们的艺术视野和经验。

（四）社团与学生组织事务部门

该部门负责对学生社团和学生组织的管理和指导,提供支持和资源。它的职责包括:注册和监管学生社团和学生组织的运行;提供培训和指导,管理学生社团和学生组织;协助组织和推动校园文化活动;提供资金和场地等支持。

（五）学生事务部门

该部门负责对学生生活和发展的支持和管理,其中也包括校园文化建设的一部分。它的职责是关注和服务学生的全面发展,提供生活、学习和发展所需的支持和指导,维护学生的权益和利益,促进学生的个人成长和校园文化建设。具体职责包括:管理学生的生活事务,包括宿舍管理、食堂管理、医疗保健等。该部门确保学生的居住环境安全舒适,提供健康的饮食和医疗服务,帮助学生解决生活中的问题和困扰;组织和指导各类学生活动,包括社团活动、文体竞赛、志愿者服务等。该部门提供活动策划、资源支持和指导,促进学生参与校园文化、社交交流和个人发展;维护学生的权益和利益。该部门处理学生投诉和纠纷,提供法律咨询和支持,保障学生在校园中的公平待遇和合法权益;为学生提供个人发展和职业规划的指导和支持。该部门组织职业培训、就业咨询和实习机会,帮助学生探索自我兴趣和能力,并为他们的未来发展提供指导和建议;提供心理健康服务,关注学生的心理健康需求和问题。该部门设立心理咨询中心或提供心理辅导服务,帮助学生解决情绪困扰、压力管理等心理问题,提升学生的心理健康水平;为学生提供参与学校决策和管理的机会,设立学生代表,组织选举和培训学生代表,让他们代表学生发表意见和建议,参与学校事务的讨论和决策的过程。

以上仅是对组织架构和职责划分的示例,不同高校根据自身情况和需求,可能会有所调整和变化。重要的是建立一个合理的组织架构,明确各个部门的职责和协作关系,确保高校校园文化建设的顺利进行。

第二节　高校校园文化建设的管理哲学与管理方法

一、高校校园文化建设的管理哲学

高校校园文化建设的管理哲学是指在推动和发展校园文化建设过程中,所采用的管理理念和方法论。一般地,用于指导高校校园文化建设的管理实践的,有以下几个关键的管理哲学。

(一)民主参与

鼓励广泛参与和民主决策,使学生、教师、工作人员等校园成员都能够参与校园文化建设的决策制定和活动组织。通过多元的参与机制和渠道,充分发挥校园成员的主体性和创造力。

(二)开放包容

倡导开放的思想和包容的态度,尊重不同文化、观念和背景的多样性。通过吸纳和融合不同的文化元素和艺术形式,打造开放、多元的校园文化环境。

（三）均衡发展

追求校园文化建设的均衡发展，注重文化内容的丰富性和多样性。同时关注传统文化的传承和创新，注重学术文化、艺术文化、体育文化等多个领域的协调发展。

（四）系统规划

以整体和系统的视角进行校园文化建设的规划和管理，确保各个方面的协调和统一。建立科学的规划体系，将校园文化建设与学校的发展战略相衔接，形成有机的整体。

（五）创新实践

鼓励创新思维和实践，在校园文化建设中注重创新性的活动和项目。积极探索新的表达形式和艺术形态，结合新兴技术和媒体，拓展校园文化的创新空间。

（六）持续改进

持续改进是高校校园文化建设的重要原则。通过不断的评估和反馈机制，及时调整和改进校园文化建设的策略和方法，保持持续的学习和进步。

这些管理哲学可以帮助高校在校园文化建设中建立有效的管理体系，促进校园文化的繁荣和发展。在实践中，高校可以根据自身的特点和需求，灵活运用这些管理哲学，并结合具体的管理实践进行调整和创新。

二、高校校园文化建设的管理方法

高校校园文化建设的管理方法涵盖了多个方面，包括规划、组织、实施、监督和评估等环节。以下是一些常见的高校校园文化建设的管理方法。

（一）规划与目标设定

制定明确的校园文化建设规划，包括长期目标、中期目标和短期目标，并根据学校的发展定位和特点进行调整和落实。规划过程中需要考虑各个方面的需求和资源，确保目标的可行性和合理性。

（二）组织与协调

建立专门的校园文化建设管理机构或部门，负责协调、推进和监督校园文化建设的各项工作。组织内部需要明确职责分工和工作流程，协调不同部门和团队之间的合作与协作。

（三）资源配置与管理

根据校园文化建设的需求,合理配置和管理各种资源,包括人力资源、财务资源、场地设施等。确保资源的有效利用和最大化效益,提高校园文化建设的质量和效果。

（四）激励与奖励机制

建立激励和奖励机制,鼓励和表彰在校园文化建设中作出突出贡献的个人和团队。通过设立奖项、荣誉称号等形式,激发参与者的积极性和创造力。

（五）沟通与宣传

加强校园文化建设的宣传工作,通过各种渠道和媒体宣传校园文化活动和成果。建立有效的沟通机制,与校园成员和外部利益相关者进行互动和交流,使校园文化建设获得广泛支持。

（六）监督与评估

建立监督和评估机制,定期对校园文化建设的进展和效果进行评估和反馈。通过收集数据、调查问卷、专家评审等方式,获取参与者和受众的意见和反馈,为后续的改进和调整提供依据。

（七）合作与联动

加强与其他高校、社会机构和企业的合作与联动,共同开展校园文化建设的项目和活动。通过跨界合作和资源共享,丰富校园文化建设的内容和形式,提高影响力和可持续发展能力。

这些管理方法可以帮助高校有效地组织和推进校园文化建设工作,确保工作的系统性、协调性。不同的高校可以根据自身的实际情况和特点,灵活运用这些方法,并结合具体的管理实践进行调整和创新。

第三节 高校校园文化建设绩效评价

一、高校校园文化建设绩效评价的意义与目标

高校校园文化建设绩效评价具有重要的意义和目标。下面详细阐述。

（一）指导和改进

绩效评价为高校校园文化建设提供了指导和改进的方向。通过评价指标和标准的制定，可以明确校园文化建设的目标和期望，帮助高校确定发展方向和优化策略，从而不断改进和提升校园文化的质量和效果。

（二）资源分配

绩效评价结果可作为资源分配的依据。通过评价，可以客观评估各项校园文化活动和项目的成效和价值，进而对资源进行合理分配。这有助于优先支持和发展那些取得较好绩效的校园文化项目，提高资源利用效率和公平性。

（三）监督和控制

绩效评价对高校校园文化建设的监督和控制起到重要作用。通过对评价结果的反馈和监测，可以及时发现问题和不足之处，采取相应的措施进行改进和调整。这有助于确保校园文化建设的规范性和持续性。

（四）质量保障

绩效评价有助于提升校园文化建设的质量保障机制。通过设立评价指标和标准，可以对校园文化活动和项目进行全面评估，确保其符合一定的质量要求。这有助于提高校园文化的专业性、规范性和持续性。

（五）激励和奖励

绩效评价可以为高校校园文化建设提供激励和奖励机制。通过设立奖励制度和评优标准，可以鼓励参与者和团队在校园文化建设中取得优秀绩效，激发积极性和创造力。这有助于提高参与者的工作动力和贡献度。

通过科学有效的绩效评价，可以推动校园文化建设向更高水平发展，实现高校校园文化水平的全面提升。

二、高校校园文化建设绩效评价的指标体系

高校校园文化建设绩效评价的指标体系涉及多个方面,下面详细阐述一些常见的指标。

(一)参与度指标

包括参与活动的学生人数、参与活动的教师人数、参与度调查的反馈率等。这些指标可以反映学生和教师对校园文化活动的关注程度和积极参与程度。

(二)活动效果指标

包括活动的知名度、影响力、参与者满意度、活动反馈等。这些指标可以评估校园文化活动的效果和质量,包括活动的创意和内容、组织和执行能力、参与者的参与感受和反馈。

(三)资源利用指标

包括活动的经费支出、场地利用率、设备使用率等。这些指标可以评估校园文化资源的有效利用程度和经济效益。

(四)文化产出指标

包括文化作品的数量和质量、学生参与的文化创作等。这些指标可以评估校园文化建设对文化产出的促进作用,反映学生在文化创作和表达方面的成果和能力。

(五)多元性和包容性指标

包括校园文化活动的多样性、跨文化交流和合作的频率和成果等。这些指标可以评估校园文化建设在多元文化融合和包容性方面的努力和效果。

(六)教育影响指标

包括校园文化活动对学生教育的影响,对学生的创造力、领导力和团队合作能力的培养等。这些指标可以评估校园文化建设对学生综合素质和个人发展的促进作用。

(七)社会影响指标

包括校园文化活动对社会的影响力、对社会价值观的引领和影响等。这些指标可以评估校园文化建设对社会的贡献和影响。

绩效评价指标体系应综合考虑以上不同方面的指标,通过定量和定性相结

合的方法进行评价。同时,指标体系应与高校的文化建设目标和战略相一致,具有科学性、可操作性和可衡量性,以实现对校园文化建设绩效的全面评估和持续改进。

三、高校校园文化建设绩效评价的方法与实践

高校校园文化建设绩效评价的方法和实践涉及多个方面,下面详细阐述一些常见的方法和实践。

(一)数据收集与分析

通过收集各项指标数据,如参与活动人数、活动反馈、资源利用情况等,使用统计分析和数据挖掘等方法对数据进行整理和分析,得出各项指标的具体数值和趋势变化。这有助于对校园文化建设的绩效进行客观评估。

(二)问卷调查与反馈

开展针对参与者和参与活动的问卷调查,收集他们对活动的满意度、效果评价、意见和建议等反馈信息。这种定性和定量的调查可以提供有关活动质量和参与者感受的直接反馈。

(三)评估标准与指标体系

制定科学合理的评估标准和指标体系,根据高校的文化建设目标和战略,确定适合本校特点的评价指标。指标应具有可衡量性、可比较性和可操作性,能够反映校园文化建设的全面情况。

(四)评审专家与评估委员会

组建评审专家团队和评估委员会,成员为具有相关专业背景和经验的专家和学者,他们负责对校园文化建设的绩效进行评估和审查。他们可以通过专业的评估方法和意见交流,为高校提供评估报告和改进建议。

(五)绩效管理与改进

将绩效评价与管理相结合,建立绩效管理体系,通过定期的评估和监测,发现问题和不足,并制定相应的改进措施。持续的绩效管理与改进有助于推动校园文化建设的持续发展。

（六）经验借鉴与案例分析

通过研究和借鉴其他高校和国际上成功的校园文化建设案例,分析他们的绩效评价方法和实践经验,为本校的文化建设提供参考和借鉴。这有助于发现可行的方法和创新的思路。

高校校园文化建设绩效评价方法和实践应根据具体情况进行调整和优化,确保评价方法的科学性和实用性。同时,评价结果应及时反馈给相关部门和负责人,形成有效的信息闭环,促进校园文化建设的持续改进和高质量发展。

第四节　高校校园文化建设激励机制的合理性

激励机制在高校校园文化建设中起着重要的作用。它可以激发教职员工和学生的积极性、创造力,促进校园文化建设的持续发展和高质量实施。通过激励机制,可以提高教职员工和学生参与校园文化活动的热情。例如,设立奖励机制,对积极参与、表现突出的个人和团队给予奖励和荣誉,激励他们积极投入校园文化建设。激励机制还可以激发教职员工和学生的创新和创造力,提升服务质量,培养专业人才,加强团队协作,建立良好的竞争氛围,推动校园文化建设的高质量发展。

设计合理的激励措施与制度需要考虑以下几个方面。

1.目标明确

激励措施和制度应与校园文化建设的目标相一致。明确的目标能够提供明确的方向和导向。校园文化建设需要明确的目标来引领和指引各项工作的开展。通过设定具体、可衡量的目标,可以使各项工作有条不紊地进行,确保资源的合理配置和利用。明确的目标有助于提高工作效率和效果。当目标明确时,工作人员可以将资源和精力集中在实现目标上。这有助于避免工作的分散和资源的浪费,提高工作的效率和成果。此外,明确的目标可以增强团队的凝聚力和合作性。当目标明确并为整个团队所共同认同时,团队成员可以形成共同的努力方向和奋斗目标。团队成员可以在相互支持和协作的基础上,共同努力实现目标,形成团队合作的良好氛围。明确的目标可以为评估和反馈提供依据。通过明确的目标,可以建立相应的评估指标和标准,对校园文化建设的进展和效果进行评估和监测。这有助于及时调整和优化工作策略,确保校园文化建设的质量和效果。

2. 多样化的激励形式

由于高校校园文化涵盖广泛、参与人群众多,不同个体之间的需求和动机各异,因此,采用多样化的激励形式能够更好地满足不同人群的需求,激发他们的积极性和创造力。例如,通过个人奖励和认可,如奖学金、荣誉称号、个人表彰等,激励个体在校园文化建设中积极参与和取得突出成绩。个人激励形式能够促使个体发挥出自身的特长和潜力,推动个人成长和进步。通过集体奖励和荣誉,如团队奖项、集体表彰等,激励团队合作和协作精神,推动团队共同实现目标。集体激励形式能够强调团队的凝聚力和合作性,促进成员之间的互动和交流。此外,实践激励形式也是重要的一种形式。通过提供实践机会和实践项目,如文化创意比赛、艺术展览、社会实践等,激励学生将所学知识和技能应用于实际情境中,培养创新能力和实践能力。实践激励形式能够提供实际的成果和体验,增强学生的参与度和成就感。

3. 公正和公平

公正和公平意味着确保每个参与者在激励过程中享有公平的机会和待遇,不论其个人背景、能力或其他因素。这一原则的遵循能够建立一个公正的环境,激励参与者充分发挥潜力,促进校园文化建设的全面发展。首先,公正和公平要求制定明确的激励标准和评估体系。这些标准和体系应该基于客观的、可衡量的因素,如参与度、成绩表现、贡献等,而不受主观偏见的影响。应确保评估的透明度和公正性,使每个参与者都能够理解和接受评估结果。其次,公正和公平要求确保资源的公平分配。资源包括奖励、资金、机会等,应该根据个体的需求和实际情况进行合理的分配。应避免出现偏袒或歧视,保证每个参与者有平等的机会参与和受益于校园文化建设。此外,公正和公平还需要重视多样性和包容性。不同个体之间存在着差异,包括背景、能力、兴趣等,应该尊重和包容这些差异。为了确保公正和公平,应该提供多样化的激励方式和机会,满足不同参与者的需求和期望。

4. 激励与发展相结合

在校园文化建设中,激励措施不仅应该激发个体的积极性和创造力,还应该与个体的发展需求和目标相结合,促进其全面成长和进步。激励应该与个体的发展目标和价值观相契合。通过激励措施,激发个体对于参与校园文化建设的热情和动力,同时也应该关注个体的长期发展。激励措施可以包括提供培训和学习机会,提供资源支持和指导,帮助个体不断提升自身的能力和素质。激励还应该与个体的成长路径相匹配。校园文化建设中的激励措施应该考虑个体在不同阶段的需求和发展阶段的特点。针对不同个体的特长和潜力,提供个性化的发展机会和培养计划,让每个个体都能够在校园文化建设中找到适合自己的发展道路。

此外,激励与发展相结合也需要注重综合评价和全面发展。除了关注个体在校园文化建设中的具体贡献和表现,还应该综合考虑个体的学术成绩、综合素质和社会责任等方面的表现。通过综合评价,鼓励个体在多个领域全面发展,培养综合能力和综合素质。激励与发展相结合也需要关注长期的可持续发展。校园文化建设中的激励措施应该具有长远的眼光,鼓励个体在校园文化建设中持续参与和贡献。同时,也应该提供良好的发展环境和机制,为个体的持续发展提供支持和保障。

5. 持续改进

随着社会的发展和学生需求的变化,校园文化建设也需要不断地进行改进和调整,以适应新的挑战和需求。通过持续改进,可以不断引入新的理念、方法和活动形式,丰富校园文化的内涵和形式,增加学生的参与度和满意度。同时,持续改进也能够激发组织和个体的创造力,促进校园文化建设的不断发展和进步。持续改进可以提高校园文化建设的质量和效果。通过持续改进,可以及时发现和解决存在的问题和障碍,改进活动的组织和执行方式,提高活动的效果和影响力。持续改进还可以借助数据分析和评估反馈的结果,对校园文化建设进行科学评估和监测,从而及时调整和优化工作策略,提升整体的质量和效果。此外,持续改进也是对学生和社会负责。作为高校校园文化建设的主体,持续改进意味着对学生和社会需求的关注和响应,能够更好地满足他们的期望。通过持续改进,可以建立良好的反馈机制,听取学生和社会的意见和建议,不断改进和优化校园文化建设的方向和内容,提供更好的服务。

最重要的是,设计合理的激励措施和制度需要充分了解参与者的需求和动机,并与校园文化建设的整体发展目标相一致。灵活性、公正性和激励效果的持续改进是设计合理激励措施和制度的关键要素。

第五节 高校校园文化建设的资源配置及优化

高校校园文化建设的资源配置及优化是指合理分配和优化利用各种资源,以支持和促进校园文化建设的发展。这包括人力资源、财务资源、物质设施、信息技术等方面的资源。资源配置要根据校园文化建设的需求和目标,科学规划和分配各项资源,确保资源的合理利用和最大化效益。同时,资源优化要注重提升资源的使用效率和质量,加强资源的整合和协同,提高资源利用的可持续性和长期效果。通过有效的资源配置和优化,高校校园文化建设能够更好地满足师生的需求,推动文化活动的丰富多样性,提升校园文化建设的质量和影响力。

一、高校校园文化建设所需资源的分类与特点

高校校园文化建设所需的资源可以分为以下几类,并具有不同的特点。

(一)人力资源

人力资源是校园文化建设的核心资源,包括教职员工、学生和社会各界的参与者。教职员工在文化活动的策划、组织和指导中起到重要作用,学生是文化活动的主要参与者和推动者,而社会各界的专业人士和艺术家也为文化活动提供了丰富的经验和专业知识。

(二)财务资源

财务资源是支持校园文化建设的重要保障,包括政府拨款、捐赠和学校的财务投入等。财务资源的特点是需要合理的规划和管理,确保资源的有效利用,并与文化活动的需求相匹配。

(三)物质设施

物质设施是支持文化活动和艺术表达的基础设施,包括艺术馆、剧院、音乐

厅、图书馆等。这些设施需要提供适合的场地和设备,以满足不同类型的文化活动需求。

(四)信息技术

信息技术在高校校园文化建设中扮演重要角色,包括数字化平台、网络资源、多媒体技术等,可以提供在线展览、文化交流和艺术创作等全新的方式和手段。

这些资源的特点在于相互关联、互为支持,需要进行合理的整合和协同,确保资源的可持续发展和充分利用,以推动高校校园文化建设的全面发展。

二、优化资源配置的路径与实践

优化高校校园文化建设的资源配置可以从以下路径和实践入手。

(一)梳理需求与优先级

了解师生对校园文化建设的需求,进行需求调研和分析,确定优先级。通过问卷调查、访谈、座谈会等形式,收集师生对不同文化项目的兴趣和期望,以此为依据进行资源配置。

(二)多元资源整合

整合校内外的资源,包括人力资源、财务资源、场地设施等。与各学院、社团组织、文化机构建立合作关系,共享资源,充分发挥各方优势。例如,可以与音乐学院合作开设音乐课程或音乐演出,与艺术机构合作举办艺术展览等。

(三)灵活运用数字化技术

充分利用数字化技术,提高资源利用效率和效果。建立线上平台,提供线上展览、演出、讲座等文化活动,满足师生在不同时间和地点的文化需求。通过数字化平台,实现资源共享、信息传递和互动交流。

(四)强化管理与监控

建立科学的资源管理制度和流程,确保资源的合理配置和使用。设立专门的文化建设管理部门或委员会,负责资源的统筹协调和监督。通过制定规章制度、审批流程、绩效评估等方式,加强对资源的有效管理和监控。

(五)激励与奖励机制

建立激励与奖励机制,鼓励师生积极参与校园文化建设。设立奖学金、奖项或荣誉称号,对在文化活动中表现出色的个人或团队予以认可和奖励。激励机制能够激发师生的积极性,提高校园文化建设的活力和质量。

(六)不断评估与调整

建立定期评估机制,对资源配置的效果进行评估和反馈。通过问卷调查、评估报告等方式,了解师生对文化项目的满意度和改进建议。根据评估结果,及时调整资源配置方案,以适应师生需求的变化和发展趋势。

通过以上路径和实践,高校能够优化校园文化建设的资源配置,充分发挥各种资源的作用,提升校园文化建设的效果和影响力,为师生提供丰富多样的文化体验和成长机会。

第六节　高校校园文化活动组织实施的科学性与技术性

一、高校校园文化活动组织的科学性原则

高校校园文化活动组织的科学性原则主要包括以下几个方面。

(一)目标明确性

确立明确的组织目标和任务,明确活动的宗旨和意义。根据活动的性质和目的,确定具体的目标,使活动具有针对性和导向性。

(二)组织合理性

根据活动规模、内容和需求,合理组织活动的各个环节和流程。包括活动策划、资源配置、人员安排、时间安排等,确保活动的顺利进行和高效运作。

(三)参与广泛性

鼓励广大师生的积极参与和投入,实现活动的广泛覆盖和多元化。通过广泛宣传和组织形式多样化,吸引更多的师生参与,并提供多种参与方式,满足不同人群的需求。

(四)创新性

鼓励创新思维和创新实践,在活动策划、形式设计、内容表达等方面注重创

新。通过引入新颖的元素、探索新的形式,激发师生的创造力和想象力,使活动具有吸引力和影响力。

（五）可持续性

注重活动的可持续发展和长期影响力。考虑活动的长远规划和持续运营,确保活动能够长期存在并不断发展。同时,建立有效的评估机制,对活动效果进行评估和改进,保持活动的活力和质量。

以上原则能够保证高校校园文化活动组织的科学性,提高活动的效果和影响力,为师生提供丰富多彩的校园文化体验。

二、高校校园文化活动组织的技术支持与创新

高校校园文化活动组织的技术支持与创新是提升活动质量的重要因素。以下是详细阐述高校校园文化活动组织的技术支持与创新的几个方面。

（一）技术应用

利用现代科技手段,如互联网、移动应用、社交媒体等,开展活动的宣传、报名、注册、票务等工作。通过建立活动官方网站、社交媒体账号等,提供在线报名和参与活动的渠道,方便师生获取活动信息和参与互动。

（二）数字化创新

运用数字化技术,如虚拟现实（VR）、增强现实（AR）、全息投影等,创新活动的形式和内容。例如,利用 VR 技术打造虚拟展览,使参与者能够身临其境地参观艺术展览;利用 AR 技术为校园景点和文化遗产增加互动元素,提升参观体验。

（三）线上线下结合

将线上和线下活动相结合,打破时间和空间限制,扩大活动的影响范围。例如,通过线上直播、网络会议等形式,让更多人参与活动;同时,在线下活动中融入互联网元素,如设置签到二维码、开展线上互动等,增强活动的参与度和互动性。

（四）数据分析与个性化服务

利用大数据分析和个性化推荐技术,了解师生的兴趣和需求,精准推送符合其兴趣的活动信息。通过分析活动参与者的反馈和行为数据,了解活动效果和参与者的需求,为未来活动的策划和组织提供参考和改进的依据。

（五）创新活动形式

通过创新活动的形式和内容,提升活动的吸引力和趣味性。例如,组织主题派对、文化展览、艺术表演等多样化的活动形式,以及举办创意比赛、设计工作坊等培养创新能力和艺术表达能力的活动,激发师生的创造力和热情。

通过技术支持与创新,高校校园文化活动的组织能够更加高效、便捷和有趣,提升师生的参与度和体验,推动校园文化建设的发展和创新。

第四章　高校校园文化建设中大数据的有效应用

在信息技术高度发达的背景下,海量、多样化、高速生成的数据成为推动社会发展和决策的重要资源。随着互联网、物联网和移动通信等技术的迅猛发展,人们在日常生活中产生的数据呈现爆炸式增长,这些数据中蕴含着宝贵的信息。大数据时代带来了对数据的收集、存储、处理和分析能力的巨大需求,同时也催生了大数据分析、人工智能和机器学习等新兴技术的快速发展。在各个领域,如教育、商业、医疗、交通等,大数据的应用正在深刻改变着我们的生活和工作方式,推动着社会的创新、发展和进步。

第一节　大数据技术在高校校园文化建设中的角色与意义

大数据技术为高校校园文化建设带来了更科学、精准和创新的方式和手段。它能够提升校园文化活动的质量和效果,满足学生和教职员工的多样化需求,促进校园文化的发展和进步。

（一）参与者洞察

大数据技术可以通过收集和分析大量的学生和教职员工的数据,了解他们的兴趣、偏好、参与行为等。可以帮助高校更好地理解不同群体的需求和期望,有针对性地开展校园文化活动,并提供个性化的参与体验。

（二）活动策划与定制

通过大数据技术,高校可以获取到大量的活动数据,包括参与人数、反馈意见、活动评分等。基于这些数据,可以分析活动的成功要素和不足之处,从而优化活动策划和设计。同时,可以根据参与者的个性化需求,定制化地提供适合不同人群的校园文化活动。

(三)资源管理与优化

大数据技术可以帮助高校实现资源的有效管理和优化利用。通过数据分析,可以了解不同资源的使用情况、瓶颈和浪费点,进而进行资源的合理分配和调整。这样可以最大限度地利用有限的资源,提供更多多样化的校园文化活动。

(四)活动效果评估

大数据技术可以提供实时的活动效果评估和反馈机制。通过收集和分析活动数据,可以了解参与者的反馈意见、活动的影响力等信息。这有助于高校评估活动的成功度和价值,为改进活动提供依据和方向。

(五)决策支持与预测

大数据技术可以为高校校园文化建设提供决策支持和预测。通过对数据的分析和挖掘,可以发现潜在的趋势、需求和机会。这有助于高校在活动策划、资源配置和决策制定等方面作出科学、准确的判断,提前做好相应准备。

大数据技术在高校校园文化建设中扮演着重要的角色。它能够帮助高校更好地了解参与者的需求,优化活动策划和设计,提高资源利用效率,评估活动效果,并为决策提供支持和预测。对大数据技术的应用将推动高校校园文化建设向更加科学、精细化的方向发展。

第二节　大数据时代的数据获取与处理

一、大数据时代的数据获取渠道与方式

在大数据时代,数据的获取渠道和方式变得更加多样化和广泛。以下是一些常见的数据获取渠道和方式。

(一)互联网数据

互联网是获取大量数据的重要来源。通过网络搜索、社交媒体、电子商务平台、新闻网站等,可以收集到用户的浏览行为、社交互动、购物偏好等信息。

（二）传感器数据

随着物联网的发展,各种传感器设备被广泛应用,收集到的传感器数据可以包括环境数据、气象数据、交通数据等。例如,智能手机、智能家居设备、智能交通系统等都可以产生大量的传感器数据。

（三）公共数据

政府部门、科研机构、社会组织等发布的公共数据是重要的数据来源。这些数据可以包括人口统计数据、经济数据、环境数据等,对于社会研究、政策制定等具有重要意义。

（四）企业数据

企业内部的数据也是宝贵的资源。企业的销售数据、客户数据、供应链数据等可以通过内部系统和数据库进行收集和分析,为企业决策提供支持。

（五）合作伙伴数据

与其他组织、机构或个人进行合作,分享数据资源也是一种获取数据的方式。通过数据共享和数据交换,可以获得更多、更全面的数据,丰富分析和应用的可能性。

（六）数据采集与爬虫技术

利用数据采集工具和爬虫技术,可以从网页、数据库等数据源中自动抓取和提取数据。这种方式可以大规模地获取结构化和非结构化数据。

（七）科学实验和调查

科学研究、社会调查等活动也是获取数据的重要手段。通过实验设计、问卷调查、访谈等方式,可以收集到关于特定领域或特定问题的数据。

二、大数据处理技术与方法

大数据处理技术和方法是指在面对大规模、高维度、高速度的数据时,如何有效地存储、处理、分析和应用这些数据的技术和方法。

（一）分布式存储和计算

分布式存储和计算是大数据处理技术与方法中的关键组成部分。在大数据处理过程中,数据量巨大,单一的存储和计算资源无法满足需求,因此,采用分布式存储和计算可以充分利用多台计算机和存储设备的并行处理能力,提高数据处理的效率和性能。分布式存储是指将大量的数据分散存储在多个计算机节点上,每个节点负责存储部分数据。这样做的好处是可以提高存储容量和数据冗余性,降低数据丢失的风险。常用的分布式存储系统包括 Hadoop Distributed File System(HDFS)、Google File System(GFS)等。这些系统使用数据分片和副本机制来实现数据的分布式存储和冗余备份,确保数据的可靠性和可用性。分布式计算是指将大数据处理任务分解为多个子任务,并在多台计算机上并行执行。每个计算机节点负责处理部分数据,然后将计算结果进行合并。这样可以大大缩短数据处理的时间,提高计算效率。常用的分布式计算框架包括 Apache Hadoop、Apache Spark 等。这些框架提供了分布式数据处理的编程模型和调度机制,使得开发人员可以方便地编写并行计算程序,并自动管理任务的调度和数据的传输。

分布式存储和计算的实现依赖于分布式系统的设计和通信协议。在分布式存储中,数据被分割成多个块,并通过网络传输到各个存储节点。在分布式计算中,任务被分解成多个子任务,并在多个计算节点上并行执行,各个节点之间通过消息传递进行通信和协调。分布式存储和计算的优势在于能够充分利用集群中的计算和存储资源,实现高性能的大数据处理。通过分布式存储,数据可以被高效地存储和管理,同时具备容错性和可扩展性。通过分布式计算,可以并行处理大规模的数据,提高计算效率和吞吐量。

(二)数据清洗和预处理

数据清洗和预处理是大数据处理技术与方法中的重要环节,用于对原始数据进行筛选、清理和转换,以提高数据质量和适应后续分析的需求。数据清洗是指对原始数据进行筛选和清理,去除无效数据、重复数据和错误数据。这包括识别和处理缺失值、异常值和噪声数据,统一数据格式和标准,修复数据错误和不一致性。数据清洗的目的是确保数据的准确性和完整性,减少对后续分析的干扰和误导。数据预处理是指对清洗后的数据进行转换和加工,以便更好地适应后续的数据分析和建模需求。常见的数据预处理操作包括特征选择和提取、数据变换和归一化,以及数据集成和降维等。特征选择和提取是从原始数据中选择信息量最大和相关性最强的特征,以减少数据维度和提高分析效果。数据变换和归一化是对数据进行数学变换或标准化处理,使得不同特征之间具有可比性。数据集成是将多个数据源的数据进行整合,以获得更全面的数据视图。降维是通过保留主要信息和结构特征,将高维数据映射到低维空间,以减少计算复杂度和数据冗余。

数据清洗和预处理的目标是优化数据质量、提高数据的可信度和可用性,为后续的数据分析和建模提供可靠的基础。通过数据清洗和预处理,可以降低噪声和误差的影响,减少数据偏差和不准确性,提高数据分析的准确性和可靠性。此外,数据清洗和预处理还可以节省存储空间和计算资源,提高数据处理的效率和速度。

(三)数据挖掘和机器学习

数据挖掘和机器学习是大数据处理技术与方法中的重要组成部分,用于从大规模数据中发现模式、提取知识和进行预测与决策。数据挖掘是通过应用统计学、机器学习和数据分析等技术,自动地从大量的数据中发现隐藏的模式、关联规则和趋势。它涵盖了多个任务,包括分类、聚类、关联规则挖掘、异常检测和预测等。通过数据挖掘,可以从大数据中提取有用的信息和知识,帮助决策者作出准确的决策和预测。例如,可以通过数据挖掘技术对学生的学习数据进行分析,识别学习行为模式,预测学生成绩,为教育决策提供参考依据。机器学习是人工智能领域的一个重要分支,通过让计算机从数据中学习和改进性能,实现自主的决策和预测。机器学习算法可以自动地从大规模的数据中学习模型,并利用学到的模型对新数据进行预测和分类。常见的机器学习算法包括监督学习、无监督学习和强化学习。监督学习是通过已有的标注数据来训练模型,实现分类和回归等任务。无监督学习则是从无标注数据中发现数据的结构和模式。而强化学习则是通过与环境交互学习,以最大化累积奖励。机器学习在大数据处理中起到了关键的作用,通过训练模型和学习数据的特征,可以实现数据的自动分类、预测和优化等任务。

数据挖掘和机器学习的应用需要合适的特征工程、模型选择和评估等。特征工程涉及选择和转换原始数据中的特征,以提高模型的性能和适应性。模型选择涉及选择合适的机器学习算法和模型结构,以适应具体的任务和数据特点。模型评估则是通过使用测试数据对模型的性能和泛化能力进行评估和验证。这些步骤需要领域知识、数据分析经验和算法调优等技术,以获得准确可靠的数据挖掘和机器学习结果。

总而言之,数据挖掘和机器学习为大数据处理提供了强大的工具和方法,可以从海量的数据中提取有用的信息和知识,实现预测、分类、优化和决策等任务。它们在各个领域和行业中具有广泛的应用前景,对推动大数据时代的发展具有重要意义。

(四)实时数据处理

对于需要实时响应和处理的场景,实时数据处理技术可以及时地处理流式数据,并产生实时的结果。实时数据处理技术包括流处理和复杂事件处理(CEP),能够在数据流中进行实时计算和分析,以支持实时决策和应用。

1. 数据流处理

实时数据处理需要能够高效处理数据流,即处理连续不断地产生的数据。数据流处理系统通过流式处理引擎和流处理框架,能够实时地接收、处理和分析数据流。这种技术可以帮助高校实时监控学生的学习活动、行为和情况,并及时采取相应的措施。

2. 分布式计算

实时数据处理需要能够快速、并行地处理大规模数据。分布式计算系统利用多台计算机的计算能力,通过将任务分布到不同的节点上并行执行,实现高效的数据处理。这种技术可以在短时间内处理大量的学生数据,如学生选课信息、成绩记录等。

3. 实时分析算法

为了从实时数据中提取有价值的信息,需要使用实时分析算法。这些算法能够实时地进行数据聚合、模式识别、异常检测等操作,帮助高校快速发现重要的信息和趋势。例如,通过实时数据处理技术,高校可以及时监测学生的学习进展,提供个性化的学习支持和建议。

4. 可伸缩性和容错性

实时数据处理系统需要具备良好的可伸缩性和容错性,能够应对高负载和故障情况。由于实时数据处理涉及大量的数据和计算任务,系统需要能够自动扩展计算和存储资源,并具备容错机制,确保数据处理的稳定性和可靠性。

通过实时数据处理,高校可以及时获取学生和校园各个方面的数据,如学习数据、校园安全数据等,并实时分析这些数据,为决策者提供决策支持。实时数据处理在高校校园文化建设中具有重要的应用价值,可以帮助高校更好地了解学生的需求和行为,并及时采取相应的措施,推动高校校园文化建设的持续改进和发展。

(五)数据可视化

数据可视化是将大数据通过图表、图形和可视化工具展示出来,以便用户更直观地理解和分析数据。数据可视化可以帮助用户发现数据中的模式和趋势,支持数据驱动的决策和行动。

数据可视化是大数据处理技术与方法中的重要环节,数据可视化涉及以下关键技术和方法。

1. 图表设计

数据可视化需要选择合适的图表类型来展示数据,如折线图、柱状图、饼状图等。图表设计需要考虑数据的特点和目标,选择最适合的图表形式来呈现数据,并确保图表的易读性和准确性。

2. 可视化工具和库

为了实现数据可视化,可以使用各种可视化工具和库,如 Tableau、D3.js、Matplotlib 等。这些工具提供了丰富的图表类型和交互功能,能够灵活地定制和呈现数据可视化结果。

3. 数据映射和编码

在数据可视化过程中,需要将数据映射到可视化元素上,如将数值映射到坐标轴上。数据的编码方式可以帮助用户更好地理解数据的关系和趋势。

4. 交互和动态效果

为了增强数据可视化的交互性和表现力,用户可以通过交互操作,选择感兴趣的数据子集、切换图表视图、放大细节等,以获得更深入的数据理解。

通过数据可视化,高校可以将复杂的数据转化为易于理解的图表和图形,为决策者和相关人员提供直观的数据洞察力和决策支持。例如,可视化学生成绩数据可以帮助教师和学生更好地了解学生的学习表现和趋势,以便采取相应的教学和学习策略。此外,数据可视化还可以用于展示校园文化活动的参与情况、社交网络的拓扑结构等,促进校园文化建设。

(六)高性能计算和并行处理

在大数据处理技术与方法中,高性能计算和并行处理是关键技术和方法之一,用于加速大规模数据的处理和分析过程。高性能计算利用并行计算资源,如多核处理器、分布式计算集群等,以提高数据处理的速度和效率。通过将任务分解为多个子任务,并在多个计算资源上同时执行,可以显著缩短处理时间。并行处理技术涉及以下几个方面。

1. 并行算法设计

针对大数据处理的特点,设计并行算法以实现数据的快速处理和分析。这包括任务划分、数据分片、任务调度和结果合并等关键步骤,以确保并行计算的正确性和效率。

2. 分布式计算架构

利用分布式计算架构,将数据分布在多个计算节点上进行并行处理。常见的分布式计算架构包括 Hadoop、Spark 等,它们提供了分布式数据存储和计算框架,支持高性能并行处理。

3. 数据分区和并行化处理

将大规模数据分割成多个子集,使每个计算节点可以独立处理部分数据,从而实现并行计算。这种数据分区和并行化处理的方式可以充分利用计算资源,提高数据处理的速度和效率。

4. 数据流和任务调度

在并行计算过程中,需要有效管理数据流和任务调度,确保数据的顺序处理和任务的协调执行。数据流管理包括数据输入、输出和传输等方面,任务调度涉及任务的分配、优先级和并发控制等。

通过高性能计算和并行处理,大数据处理可以在分布式计算环境中进行,充分利用计算资源和并行算法,实现对大规模数据的高效处理和分析。这为高校处理海量数据、加速决策和创新、推动校园文化建设和发展提供了强大支持。例如,高校可以利用高性能计算和并行处理技术,加速对学生成绩、教师评估和校园安全等方面的数据分析,提供更及时、准确的决策支持。

三、数据隐私与安全保护

在高校校园文化建设中,大数据技术的应用需要重视数据隐私与安全保护,以确保学生、教职员工和其他参与者的个人信息不被滥用、泄露或遭受恶意攻击。以下是一些保护数据隐私与安全的措施。

(一)数据脱敏

数据脱敏是一种常用的数据保护技术,旨在通过去除或替换敏感信息,以保护数据的隐私和安全。在数据脱敏过程中,敏感信息如个人身份、账号、联系方式等会被隐去或者以伪造的形式呈现,从而使数据无法被直接关联到具体的个人。脱敏后的数据仍然保留了其原始的数据结构和关联关系,以保持数据的可用性和应用的有效性。数据脱敏技术的目的是在保护数据隐私的同时,尽可能保持数据的实用性,以满足合法的分析、研究和应用需求。通过数据脱敏,可以降低数据泄露的风险,提升数据的安全性,同时符合相关法律法规对于个人隐私的保护要求。

(二)数据加密

数据加密技术是一种常用的数据保护手段,通过对数据进行加密转换,使其在传输和存储过程中无法被未经授权的人员读取和理解。数据加密技术采用特定的算法和密钥,将原始数据转化为密文,只有持有正确密钥的人员才能将其解密还原成可读的明文。加密技术可以保护敏感数据的机密性,防止数据被窃取、篡改或非法使用。常见的加密技术包括对称加密和非对称加密。对称加密使用同一个密钥进行加密和解密,适用于数据传输过程中的快速加密和解密;非对称加密则使用公钥和私钥进行加密和解密,具有更高的安全性,适用于数据存储和通信过程中的保护。数据加密技术在高校校园文化建设中,可以应用于保护学生个人信息、敏感研究数据等重要数据的安全,以及加密网络通信、数据存储等环节,提升整体数据安全性和保护隐私的能力。

(三)访问控制

访问控制技术是一种用于管理和控制对系统、网络或资源的访问权限的技术手段。它通过设立安全策略和授权机制,确保只有经过授权的用户或实体能够访问敏感信息或资源,从而保障系统的安全性。访问控制技术包括身份认证、授权和审计等关键环节。身份认证通过验证用户的身份信息,确定其是否具有访问权限;授权是指分配合适的权限给用户,使其能够访问特定的资源;审计则用于监控和记录用户的访问行为,以便追溯和分析。访问控制技术可以实现细粒度的权限控制,根据用户角色和需求进行灵活的访问管理,有效防止未经授权的访问和恶意行为。在高校校园文化建设中,访问控制技术可以应用于保护敏感信息和资源,如学生个人档案、研究成果等,防止非法访问和数据泄露,同时也能确保文化活动和资源的合理利用和管理。

(四)安全审计与监测

安全审计与监测是一种对系统、网络或应用进行全面监控和分析的方法,旨在及时发现和预防安全事件、漏洞和异常行为,以保障系统的安全性和稳定性。安全审计通过收集、分析和解释各种与安全相关的日志、事件和数据,来评估系统的安全状况和风险水平,并及时发现潜在的安全威胁。监测技术则是实时监控系统和网络的运行状态,检测异常活动和攻击行为,并能及时报警和采取相应的防御措施。安全审计与监测可以对高校校园文化建设中的信息系统和网络环境实现持续的安全监管,及时发现和应对各种潜在的安全风险,防止数据泄露、恶意攻击和系统故障,保护校园文化活动和资源的安全和稳定运行。高校建立和强化安全审计系统,对数据处理和访问行为进行监测和记录,能及时发现和响应异常行为,以确保数据安全。

(五)建立隐私保护政策

制定明确的隐私保护政策,明确规定数据收集、存储、使用和共享的原则和限制,向参与者明确说明其个人信息的处理方式和目的。高校建立隐私保护政策是为了保护学生、教职员工等相关方的个人隐私权益,确保其个人信息的安全。该政策应该明确规定学校在收集、存储、处理和共享个人信息时的原则、措施和责任。首先,政策应明确规定个人信息的范围,并将对个人信息的收集和使用限制在必要的范围内。其次,应该建立健全的信息保护措施,包括加密、访问控制、安全审计等技术手段,确保个人信息在存储和传输过程中的安全性。此外,政策还应规定个人信息的访问、修改和删除等权利,以及信息泄露和滥用的惩罚措施和追责机制。通过建立隐私保护政策,高校可以有效保护个人隐私,建立信任和尊重的校园文化氛围。

(六)培训与意识提升

加强员工和参与者的数据隐私与安全意识培训,使他们了解数据隐私的重要性,学习如何正确处理和保护数据。高校可以通过开展各类培训活动,提供专业知识和技能培训,帮助教职员工和学生提升自身素质和能力。这些培训可以涵盖多个领域,如领导力发展、团队合作、沟通技巧等,旨在培养学生的综合能力和专业素养。同时,高校还应提供个性化的培训,根据学生的兴趣和需求,开设丰富多样的培训课程,激发学生的创新思维和实践能力。

意识提升是指通过教育和引导,提高教职员工和学生对校园文化的认同和重视程度。高校可以通过举办文化节、艺术展览、讲座等形式,引导师生关注和参与校园文化活动,增强他们对文化的理解和欣赏能力。此外,高校还可以借助媒体和网络平台,传播校园文化的核心价值观,推广正能量的文化内容,营造积极向上的校园文化氛围。

通过培训与意识提升,高校可以促进师生的全面发展和自我实现,提升整体的校园文化素质。这不仅有助于塑造积极向上的校园文化氛围,还可以激发学生的学习热情和创造力,培养他们的终身学习能力和社会责任感,为他们未来的成长和发展奠定坚实基础。

(七)安全合规性

在保护数据隐私与安全的措施中,安全合规性是一项至关重要的措施。它涉及确保数据处理过程的合法性、合规性和安全性,以保护用户的个人信息和敏感数据。安全合规性包括多个方面的考虑和实践,其中包括遵守适用的法律法规和隐私保护法规,如个人信息保护法、通信保密法等。此外,制定并执行数据隐私保护政策也是保障安全合规性的关键措施。这些政策明确了数据的合法获取和使用的范围,确保数据处理过程符合法律规定。

在实施安全合规性方面,数据分类与标识也是一项重要举措。通过对数据进行分类和标识,可以根据敏感程度和隐私级别进行区分,从而制定相应的安全策略和控制措施。这可以帮助识别和保护敏感数据,确保其得到适当的处理和保管。另外,数据加密和访问控制也是保护数据隐私与安全的关键手段。通过对数据进行加密,可以有效防止未经授权的访问和泄露。同时,采用严格的访问控制机制,设置访问权限,确保只有授权人员可以访问和处理数据。此外,安全合规性还包括对数据处理过程的监控和审计。通过建立完善的监控系统,可以实时监测数据的访问和使用情况,及时发现异常行为和安全威胁。定期对数据处理活动进行审计,可以确保数据处理符合安全合规性要求,并及时发现和纠正潜在的安全漏洞和风险。

总之,安全合规性是保护数据隐私与安全的重要措施,它要求组织遵守法律法规,制定并执行数据隐私保护政策,进行数据分类与标识,采用数据加密和访问控制手段,监控和审计数据处理过程,以确保数据得到合法、合规和安全的处理和保护。

(八)对第三方合作伙伴的管理

对第三方合作伙伴的管理是高校校园文化建设中不可忽视的重要环节。首先,高校应建立明确的合作伙伴选择标准和流程,确保与合作伙伴的价值观和目标相符合,以确保合作的合法性和可靠性。其次,高校需要建立完善的合作伙伴管理机制,包括合同签订、项目执行和绩效评估等环节,以确保合作伙伴按照约定的规范和要求履行合作义务。

另外,高校还应加强对合作伙伴的监督和评估,定期进行合作项目的跟踪和评估,确保合作成果的实现和质量的提升。同时,高校还应建立及时的沟通渠道,保持与合作伙伴的密切联系,及时解决合作中出现的问题和挑战。此外,高校还应加强对知识产权的保护和管理,确保合作过程中的技术和创新成果得到合理的保护和利用。

通过科学有效地管理第三方合作伙伴,高校能够充分利用外部资源和专业能力,提升校园文化建设的质量和效益。合作伙伴的参与和支持可以为高校带来新的思路和创意,促进校园文化的多样性和创新性。同时,合作伙伴的参与也可以提高高校的影响力,为校园文化的推广和传播提供更广阔的平台。因此,对第三方合作伙伴的管理是高校校园文化建设中必不可少的一环。

第三节　高校校园文化建设管理系统的数据分析与应用

一、高校校园文化建设管理系统的概述

高校校园文化建设管理系统是指为了有效组织和管理校园文化建设而建立的一套系统和机制。该系统包括规划、组织、实施和评估等多个环节，旨在促进高校校园文化建设的科学性、系统性和持续性发展。

（一）建立健全的规划和目标设定机制

建立健全的规划和目标设定机制，明确校园文化建设的方向和目标，制定相应的发展策略和规划，确保文化建设与高校整体发展目标相一致。首先，高校需要有明确校园文化建设的愿景和核心价值观，确定所要追求的目标和理念。这有助于树立统一的文化导向和价值取向，为文化建设提供明确的指引。其次，需要对现有的校园文化建设情况进行全面分析，了解存在的问题和不足之处，了解师生和员工的需求和期望，以便针对性地制定发展策略和规划。基于对现状和需求的分析，制定长远的发展规划，明确校园文化建设的发展方向和目标。再次，还应设定短期的具体目标，以实现逐步推进和落实。最后，根据长远规划和短期目标，高校可以制定相应的发展策略和措施。这些策略和措施可以包括资源整合与配置、人才培养与引进、组织与管理、活动与项目开展等方面，以推动校园文化建设的全面发展。

通过建立健全的规划和目标设定机制，高校能够明确校园文化建设的方向和目标，制定相应的发展策略和规划，推动校园文化建设的健康、持续发展。同时，这一机制还可以提高资源的利用效率，增强文化建设的系统性和协同性，为高校营造丰富、多样的校园文化环境。

（二）建立组织机构和明确职责划分

建立组织机构和明确职责划分，明确各部门和人员在文化建设中的职责和权限，形成协同合作的工作格局。同时，建立沟通和协调机制，加强各部门之间的信息共享和协作，实现资源优化配置和工作高效推进。在高校校园文化建设管理系统中,建立组织机构和明确职责划分是确保文化建设工作有序开展的重要一环。通过明确各部门和人员在文化建设中的职责和权限,可以形成协同合作的工作格局,提高工作效率和质量。以下详细阐述这一过程的步骤和重要性。

首先,建立组织机构是为文化建设工作提供有效的组织架构和管理体系。高校需要根据文化建设的特点和需求,设计合理的组织结构,包括设立相关的部门、中心或委员会等。这些组织单位应该具有明确的职责和权限,负责协调、推动和监督校园文化建设工作。

其次,明确职责划分是确保各部门和人员在文化建设中发挥应有的作用。通过明确职责和权限,可以避免工作重叠或责任不清的情况发生。不同部门和人员应根据自身职能和专长,在文化建设中承担相应的职责,形成协同合作的工作格局。例如,教务部门可以负责学生文化活动的组织和管理,宣传部门可以负责宣传推广校园文化活动等。

在建立组织机构和明确职责划分时,需要进行以下步骤。

1. 分析文化建设的需求和目标

高校需要明确文化建设的需求和目标,了解各方面的要求和期望。这有助于确定需要哪些部门和人员参与文化建设工作,并明确其职责和权限。

2. 设立相关部门和职位

根据文化建设的需求,高校可以设立专门的文化建设部门、文化活动中心、文化委员会等组织单位。同时,还需设立相应的职位,如文化建设负责人、活动策划师、文化推广员等,以确保工作的专业性和有效性。

3. 划分职责和权限

根据各部门和人员的职能和专长,明确其在文化建设中的具体职责和权限。这需要综合考虑各方面因素,如人力资源、预算、行政管理等,以实现合理的资源配置和工作分工。

4. 建立协作机制和沟通渠道

建立组织机构和明确职责划分后,高校还需要建立相应的协作机制和沟通渠道,促进不同部门和人员之间的信息交流和协作。这可以通过定期会议、工作报告等方式实现,以确保各方按照职责履行工作,并及时沟通和解决问题。

建立组织机构和明确职责划分的重要性在于明确了各部门和人员在文化建设中的角色和责任,促进各方协同合作,形成高效、有序的工作格局。通过清晰的职责和权限划分,可以避免工作冲突和重复,提高工作效率和质量,推动校园文化建设工作取得良好成效。

(三)建立科学的实施机制

在高校校园文化建设管理系统中,建立科学的实施机制是保证文化活动顺利进行的关键。这涉及项目管理、任务分解和进度控制等环节,旨在明确任务分工和工作流程,确保校园文化活动的有序开展和有效落地。以下详细阐述这一过程的步骤和重要性。

首先,项目管理是确保校园文化活动有组织、有计划地进行的重要手段。在项目管理中,需要明确项目的目标、范围、时间、成本和质量等方面的要求。这可以通过制订项目计划、建立项目团队、制定工作流程等方式实现。项目管理有助于整合资源、合理安排工作,确保各项任务按照既定计划顺利进行。

其次,任务分解是将大项目或活动划分为具体的任务,并明确责任人和时间节点。通过任务分解,可以将复杂的工作拆解成可管理的小任务,便于分配和监督。每个任务应明确任务目标、具体要求和完成时间,并指定责任人负责执行。任务分解有助于明确每个人的职责和工作内容,提高工作效率和质量。

最后,进度控制是确保文化活动按时完成的重要环节。通过制订进度计划、设定关键里程碑和监控工作进展,可以及时发现和解决进度偏差,确保活动进程顺利推进。进度控制还可以帮助调整资源分配和优化工作流程,以适应实际情况和变化。

在建立科学的实施机制时,需要注意以下几点。

1. 制订详细的项目计划和工作流程

项目计划应包括活动的时间安排、资源需求、工作流程等信息。工作流程应明确各个环节的责任人和工作内容,确保流程的顺畅和高效。

2. 分配任务和明确责任

将项目或活动分解为具体任务,并明确责任人。每个任务应有明确的目标和完成标准,责任人应清楚其职责和权责,确保任务按时完成。

3. 设定进度控制和监督机制

制订进度计划,并设定关键里程碑。定期监控工作进展,及时发现并解决潜在的问题和风险。

4. 持续沟通和协作

建立良好的沟通渠道和协作机制,确保各个部门和责任人之间的信息交流和协作。定期开展会议和工作汇报,及时沟通和解决问题。

通过建立科学的实施机制,可以确保校园文化建设活动的有序进行和有效落地。明确任务分工、建立工作流程,并进行进度控制和监督,有助于高校校园文化建设管理系统的规范化和工作效率的提升。

(四)建立完善的评估和反馈机制

在高校校园文化建设管理系统中,建立完善的评估和反馈机制是关键,它能够对校园文化建设进行定期评估和监测,收集相关数据和反馈意见,以便及时调整和优化工作策略,确保校园文化建设的质量和效果。

首先,评估和监测是对校园文化建设工作进行客观评价和监控的手段。通过定期进行评估,可以了解校园文化建设的实际情况、成效和问题所在。评估可以采用多种方法,如问卷调查、访谈、观察等,以收集相关数据和信息。

其次,建立数据收集和反馈机制是评估和监测的重要环节。通过收集各项指标的数据,如参与人数、活动效果、满意度等,可以客观了解校园文化建设的情况。同时,重要的是收集师生和相关参与方的反馈意见,以了解他们对校园文化建设的看法、期望和建议。接下来,对收集到的数据和反馈意见进行分析和整理。通过数据分析可以发现问题、找出改进的方向,并对校园文化建设进行定量和定性的评估。同时,对反馈意见进行整理和分类,了解师生的需求和关注点。

最后,根据评估结果和反馈意见,及时调整和优化校园文化建设的工作策略。这可能涉及改进活动安排、优化资源配置、加强宣传推广等方面的工作。通过及时的反馈和调整,可以提高校园文化建设的质量和效果,更好地满足师生的需求和期望。建立完善的评估和反馈机制有助于提高校园文化建设的管理水平和效果。它可以帮助管理者了解校园文化建设的实际情况,及时发现问题并采取措施进行改进。同时,通过收集师生的反馈意见,可以更好地满足他们的需求,提升校园文化建设的满意度和参与度。

高校校园文化建设管理系统的建立有助于提升校园文化建设的科学性和规范性,加强各项工作的协同性,实现校园文化建设的可持续发展。通过系统化的管理和运作,高校能够更好地发挥校园文化的育人功能,促进学生的全面发展和个性成长,推动校园文化建设迈向更高水平。

二、数据分析在高校校园文化建设管理中的应用

数据分析在高校校园文化建设管理中扮演着重要的角色,它利用大量的数据资源进行深入挖掘和分析,为高校提供决策支持和战略指导。以下是数据分析在高校校园文化建设管理中的应用方面的详细阐述。

(一)人群分析

通过对校园内不同人群的特征和行为进行分析,可以帮助管理者更好地了解师生的需求、兴趣和参与程度,从而有针对性地制定文化建设策略和进行活动安排。

首先,通过数据分析可以对师生群体进行细分。校园内的师生群体具有不同的特征和需求,如年龄、性别、专业、兴趣爱好等。通过收集和分析相关数据,可以将师生分为不同的群体,如本科生、研究生、不同专业的学生等。这种细分可以帮助管理者更好地了解不同群体的特点,有针对性地进行文化建设。

其次,人群分析可以帮助管理者了解师生的兴趣和参与度。通过分析师生在不同文化活动中的参与情况和反馈意见,可以了解他们对不同类型的文化活动的喜好和兴趣程度。这有助于确定哪些活动更受欢迎,哪些活动可能需要调整或改进,以提高师生的参与度和满意度。

然后,人群分析还可以帮助管理者了解不同群体之间的差异和需求。通过比较不同群体在文化建设中的参与情况和反馈意见,可以发现不同群体之间的差异,如不同专业学生对文化活动的关注点不同、研究生与本科生参与活动的差异等。这种了解可以为管理者提供有针对性的建议和策略,以满足不同群体的需求和提升他们的参与度。

最后,通过人群分析可以进行预测和推荐。通过分析师生的历史数据和行为

模式,可以预测他们未来可能感兴趣的文化活动或参与方式。这种预测可以为管理者提供参考,制定个性化的推荐策略,提高活动的针对性和吸引力。

（二）活动评估

通过对文化活动的数据进行分析和评估,可以帮助管理者了解活动的效果和影响,从而优化活动的设计和实施策略。数据分析可以帮助管理者评估活动的参与度和反馈意见。通过收集和分析活动的参与人数、参与率、参与者的属性等数据,可以了解活动的受欢迎程度和参与程度。同时,通过分析参与者的反馈意见和评价,可以了解活动的质量和效果。这些数据可以为管理者提供直观的活动评估指标,帮助他们了解活动成功与否,并有针对性地进行改进。数据分析可以帮助管理者评估活动的影响力和效果。通过分析活动后的数据变化,如参与者的行为变化、知识水平的提升、社交网络的扩展等,可以评估活动对师生的影响和效果。例如,通过分析参与活动后学生的学术成绩、社交互动情况等数据,可以了解活动对学生学业和社交能力的影响程度。这些评估结果可以帮助管理者判断活动的价值和意义,并调整后续的活动策略。数据分析还可以帮助管理者评估活动的成本效益。通过分析活动的预算、投入资源和实际效果之间的关系,可以评估活动的成本效益情况。例如,通过分析活动的参与成本、参与人数和活动效果之间的关系,可以评估活动的经济效益和资源利用情况。这种评估可以帮助管理者合理安排资源,优化活动的成本效益,提高校园文化建设的效率和效果。数据分析可以帮助管理者进行活动的改进和优化。通过对历史活动数据的分析和比较,可以发现活动中存在的问题和改进空间。例如,通过比较不同类型活动的参与度和效果,可以找出更受欢迎和有更大影响力的活动模式。此外,通过分析活动数据中的特定指标,如参与者的兴趣偏好、活动时间的选择等,可以个性化定制活动,提高活动的针对性和吸引力。

（三）资源优化

通过对各类资源的数据进行分析和挖掘,可以帮助管理者合理配置资源,提高资源利用的效率和校园文化建设的效果。数据分析可以帮助管理者了解资源利用情况。通过分析资源的使用数据,如场地利用率、设备使用率、人员分配情况等,可以了解各类资源的利用效率。例如,通过分析校园场地的使用情况和预订数据,可以确定哪些场地使用频率较高,哪些场地存在闲置情况。这样的数据分析结果可以帮助管理者了解资源的实际利用情况,从而有针对性地进行资源优化。数据分析可以帮助管理者进行资源需求预测。通过分析历史数据,可以预测未来资源需求的变化和趋势。例如,通过分析往年活动的参与人数,可以预测未来活动的参与人数,并据此调整资源的配置。这样的预测分析可以帮助管理者合理安排资源,避免资源的浪费或不足,提高资源利用效率。数据分析可以帮助管理者进行资源调配和优化。通过对不同资源的使用情况和效果进行比较分析,可以确定哪些资源更受欢迎和有影响力,哪些资源可以进行调整或改进。例如,通过分析不同场地的使用情况和用户评价,可以判断哪些场地的利用效果较好,可以优先配置或改进。这样的数据分析结果可以帮助管理者优化资源配置,提高资源利用效率。数据分析还可以帮助管理者进行资源评估和决策支持。通过对不同资源的成本、效益和投入产出比等进行分析,可以评估资源的价值和贡献度。例如,通过分析不同活动的成本和参与人数之间的关系,可以评估活动的经济效益和资源利用情况。这样的数据分析结果可以为管理者提供决策支持,帮助他们合理配置资源,优化校园文化建设的效果。

(四)需求预测

通过对历史数据的分析,可以预测未来校园文化活动的需求情况,帮助管理者作出合理的决策和安排。通过对历史数据的分析,可以识别出校园文化活动的季节性和周期性变化趋势。通过观察历史数据中的规律,可以发现某些活动在特定时间段或季节的需求较高,如新生入学、校庆活动、文化节等。基于这些趋势,管理者可以提前进行准备,合理规划资源和安排活动,以满足未来需求。数据分析可以利用机器学习和预测模型来预测未来的需求。通过收集和分析历史数据,可以构建预测模型,使用相关的特征和变量,如时间、参与人数、社交媒体活跃度等,来预测未来活动的需求量。这些模型可以通过训练和优化,提供准确的预测结果,帮助管理者作出明智的决策和资源分配。数据分析可以通过市场调研和用户反馈来预测校园文化活动的需求。通过收集和分析市场调研数据、问卷调查和用户反馈,可以了解学生和教职员工的兴趣、偏好和需求。这些数据可以提供有关不同活动类型、主题和形式的洞察,帮助管理者预测未来的需求,并根据反馈作出相应的调整和改进。数据分析还可以结合其他外部数据,如社交媒体数据、网络搜索数据等,来预测校园文化活动的需求。通过分析社交媒体上的话题及网络搜索的关键词,可以了解当前的热点和学生关注的话题。这些数据可以为管理者提供有关未来活动需求的线索和参考,帮助他们作出更准确的预测和决策。

数据分析在高校校园文化建设管理中的应用,不仅提供了数据支持和决策依据,还能够深化对校园文化的理解和认知。通过科学的数据分析,高校能够更好地了解学生和教职员工的需求,提供符合他们期望的校园文化活动和服务,提升校园文化建设的品质和影响力。

三、数据驱动的决策与优化

数据驱动的决策与优化是指在决策过程中,通过收集、整理和分析大量的数据来指导决策,并根据数据的反馈结果对决策进行优化和调整。以下是对数据驱动决策与优化的详细阐述。

(一)数据收集

数据驱动的决策首先需要进行数据收集。这包括从各个渠道获取数据,如学生调研、活动参与人数统计、社交媒体反馈等。收集的数据可以是定量数据(如数字、统计数据)或定性数据(如学生反馈、意见调查等)。

(二)数据整理与清洗

收集到的数据需要进行整理和清洗,以确保数据的准确性和完整性。这涉及对数据进行筛选,去除错误或冗余数据,对数据进行归类和整合,使数据能够被有效地分析和利用。

(三)数据分析与挖掘

数据驱动的决策需要借助数据分析和挖掘技术,对收集到的数据进行深入的分析和挖掘。通过统计分析、数据建模、机器学习等方法,可以从数据中提取有价值的信息和见解,揭示隐藏的关联和趋势。

(四)决策制定

基于数据分析的结果和见解,可以制定更明智和有针对性的决策。数据驱动的决策能够避免主观臆断和盲目决策,以数据为依据进行决策,提高决策的准确性和可信度。

（五）决策优化与调整

数据驱动的决策并不是一次性的,而是一个持续的过程。通过对决策结果的监测和评估,可以不断进行优化和调整。通过对数据的反馈和实时监测,可以及时发现问题和进行改进,进一步优化决策,提高决策的效果和效益。

数据驱动的决策与优化可以帮助高校校园文化建设更加科学和精确。通过充分利用数据资源,可以深入了解学生和教职员工的需求、喜好和行为,有针对性地规划和组织校园文化活动,提高活动的参与度和满意度。同时,通过对数据的持续分析和调整,能够不断优化决策和策略,推动校园文化建设朝着更好的方向发展。

第四节　利用大数据创造高校校园文化建设的价值

大数据可以为高校校园文化建设带来多方面的效益,包括提升决策的科学性和准确性、实现个性化服务和定制化推荐、优化活动效果、优化资源配置、培养创造力等。大数据的应用为高校校园文化建设带来了更广阔的发展空间和更高的效益。

一、大数据在高校校园文化建设中的创新应用案例

（一）上海交通大学的"文化芯片"项目

上海交通大学的"文化芯片"项目是一项利用大数据技术改进校园文化活动的创新项目。该项目旨在通过收集和分析学生的学习、社交和兴趣数据,构建个性化的文化芯片,为学生提供定制化的校园文化活动推荐和服务。该项目的实施过程包括以下几个关键步骤。

1. 数据收集

上海交通大学收集学生的多样化数据,包括选课记录、图书借阅记录、社交媒体行为和校园卡消费数据等。这些数据来源广泛且多样,能够全面了解学生的兴趣爱好和文化需求。

2. 数据整合与分析

学校将收集到的数据进行整合,并应用数据分析技术进行挖掘和分析。通过对数据的处理和分析,学校可以得出学生的兴趣偏好、文化素养水平和参与校园文化活动的历史等信息。

3. 文化芯片构建

基于学生的数据分析结果,学校构建了每位学生的个性化文化芯片。文化芯片是一个信息集合,包括学生的兴趣爱好、文化素养水平和参与校园文化活动的历史等。文化芯片为学生提供了一个全面了解自己的文化需求和参与校园文化活动的指导。

4. 个性化推荐和服务

基于学生的文化芯片,学校可以为每位学生提供个性化的文化活动推荐和服务。通过推荐系统和定制化的推送机制,学校能够向学生推送符合他们兴趣和需求的文化活动信息,提高学生对活动的参与度和满意度。

该项目的优势和意义有以下几点。

1. 个性化服务

通过文化芯片项目,上海交通大学能够为每位学生提供个性化的文化活动推荐和服务。学生可以根据自己的兴趣和需求参与感兴趣的文化活动,提高参与度和满意度。

2. 提升文化活动质量

通过大数据分析,学校可以了解学生的兴趣偏好和文化需求,针对不同的兴趣群体推出定制化的文化活动。这有助于提高活动的多样性和质量,满足学生的多元化文化需求。

3. 数据驱动的决策

项目基于大数据分析,为学校提供了数据驱动的决策依据。学校可以根据数据分析结果评估活动的效果和影响力,调整和优化校园文化建设的方向和策略。

上海交通大学的"文化芯片"项目通过大数据技术实现了个性化校园文化活动推荐和优化,为学生提供了更好的文化体验。这一创新应用为其他高校提供了借鉴和参考,推动了整个高校校园文化建设的进步和发展。在这个项目中,上海交通大学通过学生的选课记录、图书借阅记录、社交媒体行为和校园卡消费数据等,构建了学生的个性化文化芯片。这个文化芯片包含了学生的兴趣爱好、文化素养水平和参与校园文化活动的历史等信息。利用这些信息,学校能够了解每位学生的文化需求和兴趣偏好,为他们提供个性化的文化活动推荐和服务。通过大数据分析,上海交通大学能够更好地规划和组织校园文化活动,确保活动的多样性和质量。学校可以根据学生的文化芯片,针对不同的兴趣群体推出定制化的文化活动,从而提高学生对活动的参与度和满意度。此外,学校还利用大数据技术评估活动的效果和影响力,以持续优化校园文化建设的策略。通过数据驱动的文化芯片项目,学校能够更加精准地满足学生的文化需求,提升校园文化活动的品质和影响力。这一创新应用为其他高校提供了借鉴和参考,推动了整个高校校园文化建设的进步和发展。

（二）清华大学的"智慧艺术馆"项目

该项目利用大数据和智能技术,将传统艺术与现代科技相结合,为学生和访客提供全新的艺术体验。在智慧艺术馆中,清华大学通过安装传感器和摄像头等设备,收集并分析访客的行为数据,包括观展时间、观看作品的时长、互动参与等信息。通过大数据分析,智慧艺术馆可以了解观众的兴趣偏好,推测其艺术欣赏水平和文化背景,并根据这些数据为观众提供个性化的艺术展示和解说服务。此外,智慧艺术馆还应用了虚拟现实(VR)和增强现实(AR)技术,为观众创造身临其境的艺术体验。通过 AR 技术,观众可以使用手机或平板电脑与艺术品互动,了解作品的背景和创作过程。而 VR 技术则可以让观众获得更加沉浸式的体验。

通过大数据分析和智能技术的应用,清华大学的智慧艺术馆提供了更加个性化和互动化的艺术体验,满足了不同观众的需求。同时,该项目还为艺术品的展示和解读提供了新的方式和手段,丰富了校园文化建设的形式和内容。智慧艺术馆项目的成功应用,不仅在清华大学内部获得了良好的反响,也受到了其他高校和文化机构的关注和借鉴。这一创新案例表明,大数据和智能技术在高校校园文化建设中具有巨大的潜力,可以为观众提供更加丰富、个性化的文化体验,推动校园文化的发展和创新。

(三)浙江大学的"校园情感热度分析"项目

该项目利用大数据技术和情感分析算法,对校园内的情感和情绪进行实时监测和分析,以了解学生的情感状态,从而优化校园文化建设。

浙江大学的校园情感热度分析项目收集了学生在社交媒体、微博、论坛等平台上的言论和情感表达。通过大数据分析和情感识别算法,可以自动提取和分析这些数据,了解学生对于校园生活、教学环境等方面的情感倾向和态度。校园情感热度分析项目可以实时监测学生的情感状态,例如,对于学校举办的活动的喜好程度、对于教师的评价和反馈、对于校园环境的感受等。通过对这些数据的分析,学校可以及时调整校园文化活动和服务,提供更加符合学生需求和期望的校园文化体验。

此外,校园情感热度分析项目还可以帮助学校识别和解决校园文化建设中存在的问题和挑战。通过大数据分析,可以发现学生普遍关注和讨论的话题和问题,及时采取措施进行改善。例如,如果学生普遍对某一教师的授课方式表示不满意,学校可以通过调整教学方式或提供教师培训来解决问题,提升教学质量。

浙江大学的校园情感热度分析项目通过大数据技术和情感分析算法,帮助学校深入了解学生的情感需求和反馈,为校园文化建设提供数据支持和决策参考。这一创新案例充分展示了大数据在高校校园文化建设中的应用前景,通过对学生情感和需求的准确把握,可以更好地满足学生的期望,推动校园文化建设的持续发展。

二、大数据对高校校园文化建设价值创造的影响评估

大数据对高校校园文化建设的影响评估主要体现在以下几个方面。

(一)提升决策效能

通过大数据的采集、分析和挖掘,高校可以获取更准确、全面的数据,从而更好地了解学生需求、评估活动效果,以及制定校园文化建设的策略。这种数据驱动的决策过程可以提高决策的科学性和准确性,避免主观性和盲目性,从而提升校园文化建设的效能。

(二)个性化服务和体验

大数据分析可以根据学生的个性化需求和兴趣,为他们提供更加精准的校园

文化服务和活动推荐。通过分析学生的兴趣爱好,可以针对不同学生群体开展个性化的文化活动,并提供定制化的服务,提升学生的参与度和满意度。

（三）效果评估与优化

利用大数据分析,高校可以对校园文化活动进行实时监测和评估,了解活动的参与度、反馈和效果。通过分析数据,可以及时发现活动中存在的问题和不足,并采取相应的优化措施。这种持续的优化过程可以不断提升校园文化活动的质量和影响力。

（四）资源优化与精细管理

大数据可以帮助高校进行资源的优化配置和精细管理。通过分析数据,可以了解各项资源的利用情况、需求状况和效益,从而合理调配资源、提高资源利用效率,确保资源的最大化利用和优化配置。

（五）创新与跨界合作

大数据的应用促进了高校校园文化建设的创新与跨界合作。通过数据分析,可以发现不同学科领域之间的关联和交叉点,促进跨学科的合作和创新实践。同时,大数据的应用也为高校与外部合作伙伴提供了更多的合作机会,共同推动校园文化建设的创新与发展。

综上所述,大数据对高校校园文化建设的影响评估体现了其在提升决策效能、个性化服务、效果评估与优化、资源优化与精细管理,以及创新与跨界合作等方面的价值创造。通过充分利用大数据技术和方法,高校能够更好地了解学生需求、优化校园文化活动,提升学生体验和满意度,推动校园文化建设的持续创新与发展。

第五节　大数据驱动下的智慧化校园文化建设

智慧化校园是指通过信息技术和数字化手段,将校园各个方面实现智能化、高效化和便捷化的管理和服务。它以大数据、云计算、物联网等技术为基础,通过对智能化设备和系统的应用,实现校园资源的高效调度、信息的智能化处理、服务的个性化定制等,为师生提供更优质的学习、生活和工作环境,推动学校教育教学的现代化发展。

一、大数据技术在智慧化校园建设中的应用场景

(一)学生学习管理

通过大数据分析学生的学习行为和学术成绩,提供个性化学习建议和辅导,帮助学生更好地掌握知识。具体来讲,高校可以利用大数据技术构建智能教学平台,通过对学生学习数据的实时监测和分析,可以实现个性化的教学辅导和学习资源推荐。平台可以根据学生的学习情况和需求,提供针对性的教学内容和学习路径,提高学习效果和学生的参与度。在日常学习中,通过收集学生在学习过程中的数据,如学习时间、学习内容、学习进度等,利用大数据技术进行分析,可以了解学生的学习习惯和偏好,发现学习中的问题和难点,并提供个性化的学习建议和辅导。在学生成绩预测方面,通过收集学生历史学习数据,如平时成绩、作业完成情况、参与课堂讨论等,利用大数据技术建立学生成绩预测模型。这样可以预测学生未来的学习表现,并及时采取措施进行干预,提高学生的学习成绩。同时,学生的日常行为管理也可以通过大数据技术监测来完成,如考勤、图书馆借阅、实验室使用等,可以实现对学生行为的实时监控和管理。通过分析学生行为数据,可以及时发现违规行为和异常情况,并采取相应的措施进行管理和引导。

大数据技术可以帮助学校更好地了解学生的学习情况和需求,提供个性化的教学和学习支持,促进学生的学术成长和全面发展。同时,大数据技术还可以提供数据支持和决策参考,帮助学校进行教学改革和资源优化,提升整体的教育质量和效果。

(二)教师评估与培训

利用大数据可以帮助高校更好地评估和培养教师,提供个性化的教师发展支持,促进教师的专业成长。大数据技术可以提供丰富的数据支持和分析工具,为教师评估与培训提供科学依据和决策参考,推动教师的专业发展和教学质量的提升。通过分析教师的教学效果和学生反馈,提供教师评估和培训,可以帮助教师改进教学方法和提高教学质量。

通过收集教师的教学数据和学生评价数据,如课堂表现、学生成绩、学生评价等,利用大数据技术进行分析和评估教师的教学质量和绩效。这可以帮助学校对教师进行全面的评估,发现教学中存在的问题,并提供针对性的培训和发展计划。通过收集教师培训过程中的数据,如培训参与情况、培训反馈等,利用大数据技术进行分析,可以了解教师对培训内容的需求和反馈,从而优化培训内容和形式。通过个性化的培训方案和资源推荐,可以提高教师的专业知识和教学能力。利用大数据技术构建教师交流与共享平台,教师可以在平台上分享教学资源、教学经验和教学方法。通过大数据分析平台上的共享数据,可以发现教师之间的合作机会,并提供个性化的交流和协作推荐,促进教师之间的互动与学习。通过收集学生学习成果和教学数据,如学生成绩、学生作业、课堂互动数据等,利用大数据技术进行分析,可以评估教师的教学效果。这有助于及时发现教学中存在的问题,并为教师提供指导和支持,提高教学质量和学生学习成果。

通过大数据分析教学数据、培训记录、学生评价等,可以为教师提供个性化的发展规划。根据教师的需求和发展方向,制订针对性的培训和发展计划,帮助教师提升教学能力和专业素养。

(三)校园安全管理

利用大数据技术结合视频监控系统,对校园内的各个区域进行实时监控和分析。通过智能分析算法,可以自动识别异常行为、火灾等安全风险,并及时发出预警通知,帮助校园管理人员快速响应和处理。借助大数据技术,校园门禁系统可以与学生、教职工的身份信息进行关联。通过智能识别技术,可以实现人脸、指纹、身份证等多种方式的身份识别,提高校园出入口的安全性和便捷性。利用大数据技术分析校园内的巡更数据和安全事件数据,可以优化巡更路线和时间,提高安全巡查的效率,扩大覆盖面。通过智能化的巡更系统,可以实时记录巡查情况、异常情况和处理过程,为后续的安全管理提供数据支持。通过大数据技术分析历史安全事件数据和校园环境数据,可以发现安全事件发生的规律和趋势。基于这些数据分析结果,可以进行安全风险评估和预测,提前采取相应的安全措施,降低校园安全风险。建立校园安全管理的数据共享平台,将校园内的各个安全相关部门的数据进行整合和共享。通过大数据技术的支持,可以实现多部门之间的协同应急响应,提高对校园安全事件的处理效率和准确性。

大数据技术可以提升校园的安全管理水平,加强对校园安全风险的监控和预防,提高校园师生的安全感和保障。大数据技术的应用为校园安全管理提供了全面、准确、及时的数据支持和决策分析工具。

(四)资源调度与管理

利用大数据技术,可以实时监测和分析校园内各个教室和场地的使用情况。通过收集和分析使用数据,可以有效优化资源利用,合理安排教室和场地的使用时间,提高资源利用率。对于校园内的实验室设备,大数据技术可以帮助管理人员进行设备调度和维护管理。通过数据采集和分析,可以实时监测设备的运行状态、维修需求和进行寿命预测,提高设备利用率和延长设备寿命。大数据技术可以帮助图书馆进行图书借阅和资源管理的优化。通过分析借阅记录和用户需求数据,可以实现对图书馆藏书的精细化管理和对师生的定制化服务,提高资源利用效率和用户满意度。利用大数据技术,可以对校园内的教职工和员工进行人力资源管理。通过数据分析,可以识别和优化人员配置,提高教职工的工作效率和满意度。大数据技术可以帮助高校进行长期资源调配和规划。通过对历史数据和趋势的分析,可以预测未来的资源需求,合理安排资源投入和调配,提高资源的可持续利用率。

大数据技术可以实现校园资源的合理调度和管理,提高资源的利用效率和质量,为师生提供更好的教育和学习环境。大数据技术的应用可以实时监测和分析资源的使用情况,帮助管理人员作出准确决策,优化资源配置,提高校园资源的整体管理水平。

(五)校园服务与管理

利用大数据技术提供智能化的校园服务,极大地提升了师生的生活便利性。利用大数据技术,可以实现学生服务的个性化和精细化管理。通过收集和分析学生的个人信息、学习数据和行为轨迹,可以提供针对性的学术支持、学生辅导和就业指导等服务,满足学生个体化的需求。大数据技术可以用于校园生活服务的优化和提升。例如,通过分析学生的消费习惯和需求,可以提供个性化的校园餐饮、购物和娱乐服务。同时,利用大数据技术可以实现智能校园卡管理,方便学生办理各种校园事务。大数据技术可以帮助校园管理部门进行设施设备管理。通过数据采集和分析，可以实时监测和预测设备的运行状态和维护需求，提高设备的可靠性和维修效率。同时，利用大数据技术可以优化校园内各类设施的使用计划和调度安排，提高资源利用效率。大数据技术可以应用于校园安全管理，包括监控系统、人员出入管理、事件预警等方面。通过对视频监控数据和学生行为数据的分析，可以及时发现异常情况并采取相应的措施。同时，利用大数据技术可以进行校园安全风险评估和预测，提前制定应对策略。大数据技术可以用于教职工管理，包括人事管理、绩效评估、培训发展等方面。通过分析教职工的绩效数据和职业发展需求，可以提供个性化的培训和发展计划，提高教职工的工作效率和满意度。

利用大数据极大地提升了校园服务的质量和效率，为师生提供了更便捷、更具个性化的服务。大数据技术的应用可以收集和分析大量的数据，帮助管理人员了解师生需求和行为，优化服务流程和资源配置，提高校园服务的满意度。

（六）校园管理决策支持

在智慧化校园建设中，大数据技术在校园管理决策支持方面的优势得天独厚。在学生招生与录取决策上，利用大数据技术，可以获取历年的招生数据、学生档案和学科成绩等信息，通过建立预测模型和智能算法，帮助学校制订更精准的招生计划和录取标准，提高招生工作的效率和准确性。通过大数据技术对学校的财务数据进行分析，可以帮助管理层了解学校财务状况、资金流动和成本结构等情况，从而做出更明智的财务决策。例如，可以优化预算分配、资金投资和费用管理，提高财务管理的效益；利用大数据技术对教学资源的使用情况、学生选课情况和教师教学评价等数据进行分析，可以帮助学校进行教学资源的合理调配和优化。通过课程排班优化、教师资源分配和教室利用率分析，提高教学效果和资源利用效率。通过大数据技术对校园内设施设备的运行数据、维护记录和故障报告等信息进行分析，可以实现设施设备的智能维护和管理。通过预测性维护、故障诊断和设备健康监测，提高设备的可靠性和维护效率，减少维修成本和停机时间。通过大数据技术对教职工的教学评价、科研成果和职业发展等数据进行分析，可以帮助学校进行师资队伍建设和评估。通过识别优秀教师、提供个性化的培训和发展机会,提高教职工的教学能力和职业满意度。

大数据技术的应用与实施可以为学校管理层提供全面、准确的数据支持,辅助决策过程,提高管理决策的科学性和效果。大数据技术的应用可以帮助管理人员快速获取和分析大量的数据,发现数据背后的规律和趋势,为决策提供有力的参考依据。通过大数据分析监控摄像头的图像和视频数据,实时监测校园安全状况,及时发现异常情况并采取相应措施。这些应用场景只是大数据技术在智慧化校园建设中的一部分,随着技术的不断发展和应用的深入,还会涌现更多创新的应用方式,为高校校园文化建设提供更广阔的空间和机遇。

二、智慧化校园文化建设的关键要素与实现路径

(一)基础设施建设

在智慧化校园文化建设中,基础设施建设是一个关键的要素。它提供了支撑智慧化校园运行的物理和技术基础,为其他功能的实现提供了必要的条件。因此,智慧化校园文化建设需要建立起先进的信息技术基础设施,包括网络设备、传感器、智能设备等,为数据采集、传输和处理提供支持。

1. 网络基础设施

建立高速、稳定、安全的网络基础设施是智慧化校园的基础。校园需要建设覆盖全校的无线网络和有线网络,确保学生、教职工能够随时随地接入网络。此外,还需要采取网络安全防护措施,确保校园网络的安全性。

2. 物联网设备

物联网设备是智慧化校园的重要组成部分。通过在校园内部和外部部署传感器、智能设备和监控设备等,可以实现对校园环境、设施设备和人员的实时监测和管理。例如,温度传感器可以监测教室的温度,智能灯具可以根据光线情况进行自动调节,摄像头可以实现校园安全监控等。

3. 数据中心

建设功能强大的数据中心是智慧化校园的关键。数据中心负责存储和处理大量的数据,提供数据分析和决策支持的能力。数据中心需要具备高性能的服务器、存储设备和网络设备,并采用合适的数据管理措施和安全保护措施。

4.云计算平台

云计算平台为智慧化校园提供了强大的计算和存储能力。通过云计算平台,学校可以实现资源共享和弹性扩展,提供各种在线服务和应用。云计算平台还可以支持虚拟化技术,提供灵活的资源分配和管理。

实现基础设施建设需要经过以下路径。

1.规划与设计

学校需要进行全面的规划和设计,确定智慧化校园的目标和需求。根据实际情况,确定网络、设备和数据中心的布局和规模,制定合理的基础设施建设方案。

2.建设与部署

根据规划方案,学校可以进行基础设施的建设与部署工作。这包括网络设备的安装与调试、物联网设备的部署和配置、数据中心的建设与运维等。

3.集成与优化

在建设完成后,需要对基础设施进行集成和优化。确保各个设备和系统之间的互通和协作,提高整体运行效率和可靠性。

4.运维与升级

基础设施的运维和升级是需要持续进行的工作。学校需要建立专门的团队负责设备的维护和管理,定期对设备进行检修和更新,保障基础设施的稳定运行。

基础设施建设是智慧化校园文化建设的基础,为后续的应用提供了可靠的支持。通过合理规划、科学建设和有效运维,学校可以打造先进、高效、安全的基础设施,实现智慧化校园的目标。

(二)大数据技术应用

运用大数据技术,对数据资源进行挖掘和分析,从中获取有价值的信息,支持校园文化建设的决策和创新。大数据技术应用是一个重要的关键要素。大数据技术可以帮助学校收集、处理和分析海量的数据,通过科学的数据采集、清洗、分析和挖掘,学校可以实现对学生学习管理、教师评估与培训、校园安全管理、资源调度与管理、校园服务与管理及校园管理决策支持等方面的优化和提升。

(三)智能化应用场景

基于数据分析的结果,设计和实现智能化的校园应用场景,如智能教室、智能图书馆、智能校园导航等,提升师生的学习和生活体验。

1. 智能教室

通过在教室中安装智能设备和传感器,实现课堂的智能化管理和教学辅助。例如,智能黑板可以实现电子化书写和实时共享,智能投影仪可以提供交互式教学体验,智能座位可以监测学生的姿态和注意力等。

这里简单介绍一下清华大学的智慧教室系统。清华大学通过在教室内安装智能设备和传感器,实现了教室的智能化管理和教学辅助。

在清华大学的智慧教室中,教师可以通过智能黑板进行电子化书写和展示,可以使用交互式投影仪进行多媒体教学,还可以通过智能化的学生签到系统记录学生的出勤情况。同时,教室内的传感器可以监测学生的坐姿、注意力和情绪状态等,通过数据分析和智能算法,实时评估学生表现。这些评估结果可以帮助教师更好地了解学生的学习情况,及时调整教学策略,提供个性化的学习指导。此外,清华大学的智慧教室系统还支持远程教学和远程参与。通过网络连接和视频会议技术,学生可以参与远程教学活动,与教师和其他学生进行互动交流。通过智能设备、传感器和数据分析,教师可以获得更全面、更准确的学生信息,提供个性化的教学和辅导,促进学生的成长。这种智慧教室系统的应用有助于提升教学质量和学生的学习体验,推动高校校园文化建设向智慧化方向发展。

新加坡南洋理工大学的智能教室也很有名。该大学在校园内建设了一系列智能教室,利用先进的技术和设备提升教学效果和学习体验。南洋理工大学的智能教室配备了交互式电子白板、多媒体投影设备、音频系统等先进设备。教室内的座位也配备了个人学习终端,学生可以通过这些终端与教师和其他学生进行实时互动。此外,教室还配备了智能灯光和温控系统,可以根据环境和活动需求进行自动调节。这些智能教室还集成了学习管理系统和学习分析工具,教师可以通过这些系统进行课堂管理、学生评估和学习效果分析。同时,学生可以通过智能教室系统获得课程资料、参与在线讨论和提交作业。通过智能教室系统,南洋理工大学提供了更灵活和个性化更强的学习环境,促进了教学方法的创新和学生学习效率的提升。

2. 智能图书馆

利用大数据技术和人工智能,对图书馆的藏书进行智能化管理和服务。例如,借助图书馆管理系统和智能搜索引擎,学生可以方便地查找和借阅图书;智能推荐系统可以根据学生的兴趣和需求推荐相关书籍。

以北京大学图书馆系统为例,北京大学智能图书馆系统通过应用大数据和人工智能技术,实现了图书馆的自动化管理和智能化服务。

在北京大学的智能图书馆中,借阅和归还图书的过程完全自助化。学生可以通过自助借还机器扫描书籍条码进行借书和还书,无须人工干预。此外,图书馆内配备了智能的书库机器人,能够根据读者的借书需求自动取书和上架书籍,提高图书馆的运行效率。同时,北京大学的智能图书馆系统还支持图书检索和推荐功能。学生可以通过智能终端设备或图书馆自助终端查询图书信息,包括书籍位置、借阅状态和可借副本数量等。系统还基于学生的借阅记录和阅读习惯,提供个性化的图书推荐,帮助学生发现适合自己的阅读资源。智能图书馆系统还具备数据分析和统计功能。通过对图书馆的借阅、归还和阅读数据进行分析,图书馆管理员可以了解图书的使用情况、读者的阅读偏好和热门领域,为图书采购和资源调配提供参考依据。

这个智能图书馆的例子展示了大数据和人工智能技术在图书馆管理和服务方面的应用。通过自助化借还、智能化的书库机器人和个性化推荐系统,图书馆可以提供更便捷、高效的借阅服务,满足学生的学习需求。同时,数据分析功能可以帮助图书馆优化资源配置和改进服务,提高图书馆的运营效率和用户满意度。这种智能图书馆系统的应用有助于推动高校校园文化建设朝智慧化方向发展,提升图书馆的功能和服务水平。

美国麻省理工学院(MIT)的智能图书馆系统是一个优秀的例子。该系统利用先进的技术和数据分析方法,提供了全面的智能化图书馆服务。麻省理工学院的智能图书馆系统利用大数据技术,对图书馆的馆藏资源进行全面的数字化和索引化处理。通过扫描图书的条形码或使用 RFID(无线射频识别)技术,系统能够准确识别和记录图书的位置和状态。学生可以通过智能终端设备,如智能手机或平板电脑,通过图书馆应用或网页访问系统,查找和预订图书资源。智能图书馆系统还提供了智能借还书服务。学生可以通过自助终端机或手机应用扫描图书的条形码,进行自助借书和还书操作。系统会自动记录借还书的信息,并发送提醒通知,以避免逾期归还而产生罚款。此外,智能图书馆系统还通过数据分析和机器学习算法,提供个性化的图书推荐服务。系统会根据学生的阅读历史、兴趣偏好和研究方向,推荐相关的图书资源。学生可以根据推荐结果进行借阅,提高图书利用率和学习效果。麻省理工学院的智能图书馆系统通过大数据技术和智能化服务,为学生提供了便捷和个性化的图书馆体验。学生可以通过智能终端设备访问图书馆资源、借还书籍,并享受个性化的图书推荐服务。这种智能化的图书馆系统提高了学生的学习效率和便利性,促进了高校校园文化建设的创新和发展。

3. 智能宿舍

通过在宿舍内安装智能设备,提供智能化的生活服务和管理。例如,智能门锁可以使学生通过刷脸或指纹识别进出宿舍,智能温控系统可以根据室内温度自动调节,智能电器可以实现远程控制和定时开关等。

华中科技大学的智能宿舍系统是一个优秀的例子。该系统利用大数据和物联网技术,提供了一系列智能化的功能和服务,为学生提供更便捷、舒适的居住环境。在华中科技大学的智能宿舍系统中,每个宿舍都配备了智能化设备和传感器。通过网络连接,这些设备可以实现宿舍内部的自动化控制和智能化管理。例如,宿舍内的灯光、空调和窗帘可以通过手机或智能终端进行远程控制,学生可以根据自己的需求和习惯进行调整。此外,系统还可以根据学生的作息时间和室内温湿度变化,自动调节宿舍的温度和湿度,为学生提供一个舒适的居住环境。智能宿舍系统还提供了多种便利的功能。学生可以通过手机应用或智能终端查询宿舍楼内的公共设施使用情况,包括洗衣机、热水器等设备的空闲情况和预约信息。系统还具备安全监控功能,通过摄像头和人脸识别技术,确保宿舍楼的安全和秩序。智能宿舍系统还具备数据分析和统计功能。通过对宿舍内设备的使用数据和学生的反馈进行分析,系统可以提供用电、用水等资源的统计和管理,帮助学校和学生进行资源节约和管理。

华中科技大学的智能宿舍系统展示了大数据和物联网技术在宿舍管理和居

住体验方面的强大功能。通过对智能化设备和传感器的应用,宿舍可以实现自动化控制和智能化管理,为学生提供更舒适、便捷的居住环境。同时,通过数据分析和统计功能,学校和学生可以更好地管理和利用资源,实现节约和高效的宿舍管理。这种智能宿舍系统的应用有助于提升学生的居住体验,提高宿舍管理的效率和质量,推动高校校园文化建设朝智慧化方向发展。

再比如英国曼彻斯特大学的智能宿舍系统。该系统采用了先进的技术和设备,为学生提供智能化的住宿体验。曼彻斯特大学的智能宿舍系统基于物联网技术,将宿舍内的各种设备和设施连接在一起,形成一个智能化的网络。学生可以通过手机应用或智能设备,如智能手机、平板电脑或智能手表,远程控制和管理宿舍内的各项功能。该系统提供了多种智能功能,如智能照明、智能温控、智能门锁等。学生可以通过手机应用调节宿舍内的灯光亮度和色彩,设置自动化的照明场景,以满足不同的需求。智能温控系统可以根据学生的喜好和室内环境自动调节温度,提供舒适的居住条件。此外,智能门锁系统使用身份识别技术,确保只有授权人员可以进入宿舍区域,增加了安全性和便利性。智能宿舍系统还提供了个性化的服务和支持。例如,学生可以通过手机应用预订洗衣机、烘干机等共享设备,避免等待和排队。系统还可以根据学生的日常行为和喜好提供个性化的建议和推荐,如饮食、健康和社交活动等方面。

曼彻斯特大学的智能宿舍系统通过对物联网技术的应用,为学生提供了智能化、便捷和个性化的住宿体验。学生可以通过手机应用远程控制和管理宿舍内的各项功能,提高生活便利性和居住舒适度。系统的个性化服务和智能化管理有助于满足学生的个性化需求,提升他们的学习和生活体验。通过智能设备和智能控制系统,学生可以方便地管理宿舍内的各项功能和设备。系统的个性化服务和智能化管理有助于提升学生的居住体验和生活质量,为高校校园文化建设带来了便利和创新。

4. 智能校园卡

将校园卡与智能技术结合,实现学生身份识别、消费支付、门禁管理等功能。通过智能校园卡,学生可以方便地享受校园内各项服务。

以浙江大学的智能校园卡系统为例。该系统利用大数据和物联网技术,为学生提供了便捷的校园生活服务。在浙江大学的智能校园卡系统中,学生的校园卡被升级为智能化的电子卡。学生可以通过智能手机应用或智能终端进行校园卡的绑定和管理。通过扫描二维码或近场通信技术,学生可以使用手机进行校园卡的刷卡操作,如进入宿舍楼、借阅图书、支付食堂消费等。智能校园卡系统还提供了更多的功能和服务。学生可以通过手机应用查看校园卡余额、消费记录及校园卡充值等信息。系统还支持学生的电子门禁,学生可以通过手机进行校园门禁的刷卡,无须携带实体卡片。此外,智能校园卡系统还集成了一卡通支付、校园服务预约等功能,提供了便捷的校园生活服务。通过智能校园卡系统,浙江大学实现了校园卡的电子化管理和智能化应用,提高了校园生活的便利性和效率。同时,学校可以通过系统收集学生的使用数据,进行消费分析和资源管理,为学校提供决策支持和优化校园服务的参考。浙江大学的智能校园卡系统功能全面而具体,很好地向大家展示了大数据和物联网技术在高校校园卡管理和校园生活服务方面的应用。通过智能手机与校园卡的绑定,学生可以实现校园卡的电子化管理和便捷使用。学校可以通过对数据的收集和分析,优化校园资源配置,提升校园服务的质量和效率。这种智能校园卡系统的应用有助于推动高校校园文化建设向智慧化方向发展,提升学生的校园生活体验。

英国伦敦帝国理工学院通过校园一卡通为广大师生提供了便捷的校园生活服务。伦敦帝国理工学院的学生校园一卡通系统集成了学生身份认证、图书馆借阅、校园门禁、食堂消费、打印复印、校园活动报名等多个功能。学生只需要携带一张智能校园卡,就可以实现对校园内各种服务的便捷访问。智能校园卡利用射频识别技术,学生可以通过感应器或读卡器快速刷卡进行身份认证和门禁进出。此外,智能卡还与学生的个人信息关联,包括学生课程、成绩、图书馆借阅记录等。通过大数据分析,学校可以获取学生的消费习惯、活动参与情况等数据,为学生提供个性化的服务和支持。该系统还与学校的移动应用程序相连接,学生可以通过手机应用查看个人校园卡余额、消费记录、图书馆借阅情况等信息。同时,学生还可以通过手机应用预约活动、报名参加课程和社团活动等。伦敦帝国理工学院的学生校园一卡通系统实现了校园服务的集成化和智能化。通过智能校园卡,学生可以便捷地进行身份认证、门禁进出、图书馆借阅和消费支付等操作。大数据分析为学校提供了对学生行为和需求的洞察,帮助学校提供更好的服务和支持。

通过集成多个功能于一卡通系统,学生可以更方便地管理自己的校园生活。大数据分析提供了对学生行为和需求的深入理解,为学校提供了决策支持和服务优化的依据。这种智能校园卡系统的应用有助于提升校园服务的效率,为高校校园文化建设带来了便利和创新。

5. 智能校园交通

利用智能交通系统和大数据分析,优化校园交通管理和出行体验。例如,智能停车系统可以实现对停车位的智能分配和预约,智能巴士调度系统可以根据实时数据调整班车路线和发车时间。

以厦门大学的智慧校园交通系统为例。该系统利用大数据和智能交通技术,为学生和教职工提供了便捷的校园交通服务。厦门大学的智慧校园交通系统基于移动互联网和物联网技术,提供了多种智能化交通工具和服务。学生和教职工可以通过手机应用或电子终端进行交通工具的预约、定位和使用。

首先,该系统提供了智能校园摩托车共享服务。学生和教职工可以通过手机应用查找附近可用的共享摩托车,进行预约和解锁,然后使用摩托车出行。系统利用大数据分析学生和教职工的出行需求和交通热点,优化摩托车的分布和调度,提高对交通工具的使用效率。

其次,系统还提供了智能校园自行车共享服务。学生和教职工可以通过手机应用查找附近的共享自行车,并进行扫码解锁,使用自行车出行。系统利用大数据分析自行车的使用情况和停放点的分布,优化自行车的调度和维护,提供更好的自行车共享服务。

最后,智慧校园交通系统还整合了校园巴士的实时位置和到站时间信息,学生和教职工可以通过手机应用查询校园巴士的实时运行情况和到站预报,提前作出出行决策。

通过智慧校园交通系统,厦门大学实现了对校园交通的智能化管理和便捷化服务。学生和教职工可以通过手机应用获取交通工具的实时信息和预约服务,提高校园出行的便利性和效率。系统利用大数据分析学生和教职工的出行行为,优化交通工具的调度和使用,提升校园交通的服务质量。

可见,大数据和智能交通技术在高校校园交通管理和出行服务方面的应用非常便利。通过整合移动互联网和物联网技术,学生和教职工可以方便地获取交通工具的信息和预约服务,提高校园出行的便利性和效率。这种智能校园交通系统的应用有助于推动高校校园文化建设向智慧化方向发展,提升学生和教职工的校园交通体验。

6. 创新驱动与跨界合作

积极引入创新思维和方法,鼓励教职员工和学生参与创新项目,推动校园文化建设的不断创新。同时,加强与行业、企业等的外部合作,引入专业技术和资源,实现跨界合作与共赢。

美国斯坦福大学的校园电动车共享系统也值得借鉴。该系统利用大数据和智能交通技术,为学生、教职工和访客提供可持续、便捷的校园交通方式。斯坦福大学的校园电动车共享系统通过部署一系列电动车辆和智能车辆管理系统,为校园内的出行提供了绿色、高效的选择。学生、教职工和访客可以通过手机应用或者电子终端进行电动车的预约、租借和归还。该系统利用大数据分析学生和教职工的出行需求、交通热点及车辆的使用情况,实现了电动车辆的智能调度和管理。通过智能车辆管理系统,可以监测电动车的实时位置、电池状态及车辆的可用性,确保用户能够方便地找到可用的电动车进行租借。此外,系统还提供了电动车充电桩的智能管理功能。根据用户需求和电动车的使用情况,通过大数据分析确定充电桩的位置布局和充电需求预测,以提供更好的充电服务。

通过校园电动车共享系统,斯坦福大学实现了校园交通的绿色化、智能化和共享化。学生、教职工和访客可以通过手机应用轻松地预约、租借和归还电动车,实现便捷的校园出行。大数据和智能交通技术的应用,不仅提供了高效的电动车辆调度和管理,还为校园交通的可持续发展作出了贡献。通过电动车共享系统,学生、教职工和访客可以享受便捷、环保的校园出行服务。这种智能校园交通系统的应用有助于提升校园交通的效率和可持续性,为高校校园文化建设注入了创新和绿色的元素。

通过对以上要素和实现路径的综合运用,可以推动高校校园文化向智慧化发展,提升学校管理效率和师生体验,促进校园文化建设的创新与发展。

三、大数据与人工智能在校园文化建设中的协同作用

（一）人工智能

人工智能（Artificial Intelligence, AI）是计算机科学的一个分支领域,致力于研究和开发能够模拟和实现人类智能的计算机系统。它通过模拟人类的认知和智能,使计算机能够学习、推理、理解自然语言,感知环境、解决问题等。人工智能的发展主要基于以下几个关键技术。

1. 机器学习（machine learning）

机器学习是人工智能领域中的一个重要分支,它通过使用算法和统计模型,让计算机能够从数据中自动学习和改进,而无须明确的编程指令。机器学习的目标是使计算机具备从数据中发现模式、作出预测和进行决策的能力。它通过让计算机系统从大量的数据中学习和获取知识,进而进行预测和决策。常见的机器学习方法包括监督学习、无监督学习和强化学习。在机器学习中,通过将数据输入算法模型中进行训练,模型会自动学习数据的特征和规律,从而能够对新的未知数据作出准确的预测或分类。机器学习算法的每种类型都有不同的应用场景和算法模型。机器学习在各个领域都有广泛的应用,如自然语言处理、图像识别、推荐系统、金融风险评估等。它可以帮助人们处理和分析大量的复杂数据,发现隐藏的模式和关联,提供精准的预测和决策支持。

随着数据的不断增长和计算能力的提升,机器学习在人工智能的发展中发挥着越来越重要的作用。它不仅为人们提供了更智能、高效的解决方案,还为科学研究、工业应用和社会发展带来了许多创新和机会。机器学习作为人工智能的核心技术之一,正在不断推动着科技和社会的进步。

2. 深度学习（deep learning）

深度学习是人工智能领域中的一种机器学习方法,它模仿人脑神经网络的结构和功能,通过多层次的神经网络模型进行学习和推理。深度学习的核心是构建和训练深层神经网络,通过大量的数据和反向传播算法来优化网络参数,从而实现对复杂数据的表征和分析。深度学习的关键是深层神经网络的结构和算法。神经网络由多个层次的神经元组成,每个神经元都接收前一层神经元的输入,并通过激活函数进行计算和输出。深层神经网络的多层结构可以提取和表示数据

的抽象特征,从而实现对数据的高级理解和分析。深度学习在图像识别、语音识别、自然语言处理等领域取得了重大突破。通过深度学习,计算机可以从海量的图像、语音和文本数据中学习,自动发现和理解其中的模式和规律。例如,深度学习在图像识别中可以识别物体、人脸和场景,在语音识别中可以转录和理解人类语言,在自然语言处理中可以完成机器翻译和情感分析等任务。

深度学习的成功得益于大数据和强大的计算能力。大数据提供了丰富的训练样本,使得深度学习模型能够更好地学习数据的特征和模式。同时,计算硬件的快速发展也使得深度学习算法的训练和推理变得更加高效和实时。总的来说,深度学习作为人工智能领域的重要技术,正在推动着人工智能的发展和应用。通过深度学习,计算机可以完成更加复杂的任务,为解决实际问题和改善人们生活带来了巨大的潜力和机遇。

3. 自然语言处理(Natural Language Processing, NLP)

自然语言处理是人工智能领域中的一项关键技术,旨在使计算机能够理解、解析和处理人类自然语言。它涵盖了对文本和语言数据的各种任务,包括文本分类、信息提取、机器翻译、情感分析、语义理解和对话系统等。自然语言处理的核心是将人类语言转化为计算机能够理解和处理的形式。这需要使用各种技术和算法来处理和分析文本数据,如分词、词性标注、句法分析、语义理解和语言生成等。通过这些技术,计算机可以提取文本中的信息、发现模式和规律,进而实现对语言的理解和应用。自然语言处理的应用非常广泛。在搜索引擎中,它可以帮助用户更准确地找到所需的信息;在机器翻译中,它可以将一种语言的文本转换为另一种语言;在智能对话系统中,它可以自动回答问题和进行对话交互;在情感分析中,它可以判断文本中的情感倾向和态度;在信息提取中,它可以从大量文本中提取出特定的信息。

当然,自然语言处理也面临亟须解决的问题。语言的多样性、歧义性、上下文依赖性等问题使得自然语言处理任务具有一定的复杂性。同时,不同语言之间的差异和语言表达的变化也给处理过程带来了挑战。此外,大规模的训练数据和计算资源的需求也是自然语言处理的一个重要考量。自然语言处理作为人工智能领域的重要分支,正在不断推动着人机交互和语言理解的进步。随着技术的不断发展和应用的拓展,自然语言处理将继续在各个领域发挥重要作用,为我们提供更智能、便捷和人性化的语言服务和应用体验。

4. 计算机视觉（computer vision）

计算机视觉致力于使计算机能够模拟和理解人类视觉系统的功能,实现对图像和视频的分析和理解。它通过对图像和视频的处理和分析来获取有关视觉世界的信息。计算机视觉技术利用图像处理、模式识别和机器学习等方法,使计算机能够感知、理解和解释图像内容,从而实现各种视觉任务。计算机视觉的目标是使计算机能够像人类一样"看到"和理解图像。它涵盖了多个领域和任务,包括图像分类、目标检测、图像分割、人脸识别、行为分析和场景理解等。通过计算机视觉技术,计算机可以识别和分类图像中的对象和场景,检测和跟踪运动物体,分割图像中的不同区域,甚至可以生成逼真的图像和视频。计算机视觉在各个领域都有广泛的应用。在自动驾驶领域,计算机视觉可以帮助车辆感知道路、识别交通标志和行人,实现智能驾驶;在医学影像分析中,计算机视觉可以辅助医生进行疾病诊断和治疗规划;在安防监控中,计算机视觉可以实时检测异常行为和危险物体;在工业生产中,计算机视觉可以进行产品质量检测和缺陷分析。计算机视觉作为人工智能领域的重要分支,正在推动着图像和视频处理技术的进步。随着技术的不断发展和应用的拓展,计算机视觉将在各个领域发挥更重要的作用,为我们带来更智能、便捷和创新的视觉体验和应用场景。

5. 增强学习（reinforcement learning）

增强学习是人工智能领域中的一个重要分支,旨在使智能系统通过与环境的交互来学习最优的行为策略。与监督学习和无监督学习不同,增强学习的学习过程是基于奖励信号的反馈,通过试错和探索来寻找最优的行动策略。在增强学习中,智能系统被称为智能体（agent）,它通过观察环境的状态,采取行动,获得奖励,并不断调整自己的策略以最大化长期累积的奖励。智能体通过与环境的交互,学习到了一种行为策略,即在给定状态下选择最优的动作,以获得最大的奖励。增强学习的核心是建立一个强化信号与智能体行为之间的关联,通过试错和奖励来引导智能体的学习过程。智能体通过尝试不同的行为并观察结果,根据获得的奖励信号来调整自己的策略。通过不断的交互和学习,智能体可以逐渐优化自己的策略,实现更好的性能和效果。增强学习在许多领域都有广泛的应用。在机器人领域,增强学习可以帮助机器人学习复杂的运动策略和任务规划;在自动驾驶领域,增强学习可以帮助车辆学习最优的驾驶策略和决策;在游戏领域,增强学习可以用于开发能够自动学习和优化游戏策略的智能体。随着技术的不断发展和应用的拓展,增强学习将在各个领域发挥更重要的作用。

（二）人工智能在各个领域的应用和影响

人工智能在各个领域具有广泛的应用和影响,包括但不限于以下几种。

1.机器人技术

人工智能技术使得机器人能够感知环境、理解人类语言和表达,并与人类进行交互,实现自主导航、智能控制和人机协作等能力。

2.智能交通

人工智能技术可以用于交通流量预测、智能信号控制、自动驾驶等方面,提高交通效率和安全性。

3.医疗诊断与辅助

人工智能在医学影像分析、疾病诊断和药物研发等方面具有潜在的应用,可以辅助医生进行诊断和治疗。

4.金融领域

人工智能可以应用于风险评估、投资决策、反欺诈等方面,提高金融行业的效率和准确性。

5.教育领域

人工智能可以为学习者提供个性化的学习推荐和辅助,通过智能教育平台和智能教学系统改变传统教学模式。

6.社交媒体与推荐系统

人工智能技术可以分析用户的兴趣和行为,为用户推荐个性化的内容和产品。

7.城市管理与智慧城市建设

人工智能可以应用于城市交通管理、环境监测、能源管理等方面,实现智慧城市的建设和管理。

总之,人工智能作为一项重要的技术革命,正对社会各个领域产生广泛而深远的影响,为高效、智能、创新的校园文化建设提供了新的机遇和可能性。

(三)大数据与人工智能在校园文化建设中的协同作用

大数据和人工智能在校园文化建设中具有协同作用,可以互相促进和增强,实现更加智能化、个性化和高效的校园文化建设。以下是详细阐述。

1. 数据驱动的决策

数据驱动的决策是指通过收集、整理和分析大量的数据,从中提取有价值的信息,并基于这些信息作出决策。大数据为高校决策层提供了大量的校园文化相关数据,包括学生信息、教学数据、校园活动数据等。这些数据可以有多个来源,如学生信息系统、学习管理系统、社交媒体平台等。通过数据的采集和整理,可以建立一个全面、准确的数据集,为后续的分析和决策提供支持。人工智能技术在数据驱动的决策中发挥着关键作用。通过机器学习和数据挖掘技术,可以对大数据进行深入分析和挖掘,发现其中的规律、趋势和关联。例如,可以利用机器学习算法对学生的学习数据进行分析,预测学生的学习成绩和发展趋势,为学生提供个性化的学习建议和辅导。此外,人工智能还可以帮助高校进行数据驱动的决策优化。通过构建决策模型和算法,可以利用大数据分析结果进行决策优化和预测。例如,在校园活动安排中,可以利用数据分析结果确定最佳的时间和地点,以最大程度地满足学生和教职员工的需求。

数据驱动的决策还可以帮助高校实现精细化管理和个性化服务。通过对大数据的分析和理解,可以更好地了解学生的需求、兴趣和偏好,从而为他们提供个性化的文化活动和服务。同时,校园管理层可以根据数据分析结果制定更科学、有效的管理策略,优化资源配置和决策流程。通过大数据的采集、分析和挖掘,结合人工智能的算法和模型,可以实现更准确、智能的决策,提升校园文化建设的效果和质量。

2. 个性化推荐与定制化服务

在校园文化建设中,大数据与人工智能的协同作用可以实现个性化推荐和定制化服务,从而提供更好的校园体验和满足学生的需求。个性化推荐是通过分析大量的学生数据和校园活动信息,利用人工智能算法和模型来推荐适合每个学生的个性化文化活动、课外项目等。通过收集学生的兴趣、偏好、学习记录等数据，可以建立学生画像，了解他们的喜好和需求。然后，利用大数据分析和机器学习算法，可以将学生与符合他们兴趣的活动进行匹配，从而将活动推荐给他们。这样的个性化推荐可以提高学生参与校园文化活动的积极性和满意度。

而定制化服务是根据学生的个性化需求和偏好，提供定制化的校园服务。通过收集学生的数据，如学习成绩、兴趣爱好、社交互动等，可以了解学生的特点和需求。然后，利用大数据和人工智能技术，可以分析这些数据，为学生提供个性化的服务。例如，根据学生的学习成绩和兴趣，为他们推荐适合的学习资源和课程；根据学生的社交互动和活动参与情况，提供个性化的社团活动或志愿服务推荐。这样的定制化服务可以更好地满足学生的需求，提高他们的参与度和满意度。通过个性化推荐和定制化服务，大数据与人工智能为校园文化建设提供了更加精准和个性化的方案。学生可以根据自己的兴趣和需求选择参与的文化活动，充分发挥自身潜力和兴趣，丰富自己的校园生活。同时，定制化服务可以提供更贴近学生需求的服务，提高学生的参与度和满意度，推动校园文化建设的发展。通过分析学生数据和利用人工智能技术，可以为学生提供个性化的文化活动推荐和定制化的校园服务，提高学生的参与度和满意度，推动校园文化建设的发展。同时，需要注意数据隐私和安全问题，并确保算法的准确性和公平性。

3. 创新活动设计与体验增强

大数据和人工智能可以帮助学校发现新的文化活动主题和形式，通过分析学生的需求和市场趋势，挖掘潜在的创新点。同时，人工智能技术还可以应用于活动的互动和体验设计，如虚拟现实、增强现实等技术可以为学生提供更加沉浸式的文化体验。

首先，大数据技术可以通过对学生的数据进行分析，了解他们的兴趣、偏好和参与习惯。基于这些数据，可以利用人工智能算法和模型进行创新活动的设计。例如，通过分析学生的兴趣领域和社交互动，可以确定受欢迎的主题和活动形式，从而设计更具吸引力和参与度的活动。此外，大数据还可以帮助评估和预测活动的成功度，提前发现潜在的问题，从而优化活动设计。

其次，人工智能技术可以提供增强学生体验的解决方案。例如，通过虚拟现实（VR）技术和增强现实（AR）技术,可以为学生创造沉浸式的校园文化体验。学生可以通过虚拟现实设备参观历史建筑、参与艺术展览,或通过增强现实技术与虚拟角色互动,增强参与感和互动性。此外,人工智能技术还可以用于个性化互动和反馈。通过语音识别和自然语言处理技术,可以实现与学生的智能对话,为他们提供定制化的导览、解答问题等服务,增强学生的参与感和体验。

创新活动设计和体验增强的关键在于充分利用大数据和人工智能的优势,并与校园文化的特点相结合。通过数据分析和人工智能算法,可以更好地理解学生的需求和偏好,提供个性化的创新活动设计。同时,通过对虚拟现实、增强现实和个性化互动等技术的运用,可以增强学生的参与度和体验感。在实施过程中,需要考虑数据的隐私和安全问题,并确保算法的准确性和公平性。通过数据分析和人工智能算法,可以实现个性化的活动设计和定制化的体验,为学生提供更具吸引力和互动性的校园文化体验。这将提高学生的参与度和满意度,推动校园文化建设的发展。

综上所述,大数据和人工智能在校园文化建设中相互协同作用,可以帮助学校实现更智能、个性化更强和更高效的文化活动策划和组织,提高学生的参与度和满意度,促进校园文化的繁荣发展。

第六节　大数据技术在高校校园文化建设中的实践案例与挑战

一、高校校园文化建设中应用大数据技术的成功案例

一个中国高校校园文化建设中的成功案例是清华大学的文化数据智能化平台。该平台整合了校园文化活动、学生参与情况、文化资源等大量数据,并应用大数据技术进行分析和挖掘,以实现校园文化建设的智能化管理和个性化服务。该平台通过数据采集和处理,实现了对校园文化活动的全面监测和评估。学校可以通过平台了解不同文化活动的参与人数、参与时长、评价等信息,以及学生的兴趣偏好和需求。基于这些数据,学校可以优化活动策划,提供更符合学生需求的文

化活动,提高活动的吸引力和学生的参与度。

此外,平台还实现了个性化推荐和定制化服务。通过分析学生的参与记录、评价和兴趣偏好,平台可以向学生推荐适合他们的文化活动,提供个性化的文化体验。学生可以根据自己的兴趣选择活动,提高活动的满意度和参与度。该平台还与校园卡系统、学生信息管理系统等进行数据对接,实现了多个系统之间的数据共享和集成。这样一来,学校可以更全面地了解学生的学习和生活情况,为他们提供更精准的文化服务和支持。通过对大数据技术的应用,清华大学的文化数据智能化平台为校园文化建设提供了强有力的支持。学校能够更加了解学生的需求和兴趣,提供个性化的文化活动和服务,促进校园文化的繁荣发展。这个案例充分展示了大数据技术在高校校园文化建设中的创新和实际应用。

另一个中国高校校园文化建设中的成功案例是北京大学的校园智慧文化建设项目。该项目利用大数据技术实现了校园文化资源的智能化管理和优化利用。在该项目中,北京大学收集了大量的校园文化数据,包括学生参与活动的数据、文化资源的数据、校园文化设施的数据等。通过数据分析和挖掘,学校能够全面了解校园文化活动的情况和资源的利用情况。基于这些数据,学校建立了智慧化的校园文化服务平台。该平台具有个性化的文化活动推荐、校园文化设施预约、文化资源共享等功能。学生可以通过平台了解校园内的文化活动和资源,进行活动报名和设施预约,方便学生高效地参与校园文化建设。

此外,北京大学还利用大数据技术进行文化活动的评估和优化。通过对学生参与活动的数据进行分析,学校能够评估活动的影响力和满意度,了解学生对不同类型活动的偏好。这样可以帮助学校优化文化活动的策划和组织,提供更符合学生需求的文化体验。该项目的成功应用充分展示了大数据技术在高校校园文化建设中的重要作用。通过对数据的收集、分析和应用,学校能够更好地了解学生的需求和兴趣,提供个性化的文化服务和支持,促进校园文化的发展。这个案例体现了大数据技术在高校校园文化建设中的创新和实际应用,为其他高校在此领域提供了借鉴和参考。

中国农业大学校园文化建设中的成功之处是其基于大数据技术的学生活动管理平台。该平台通过收集学生的参与活动数据、社交网络数据和个人兴趣数据,利用大数据分析和挖掘技术,实现了对学生活动的全面管理和优化。该平台利用大数据技术对学生参与活动的数据进行分析,包括活动参与情况、兴趣爱好、时间安排等。通过算法模型,平台能够预测学生可能感兴趣的活动,并根据学生的个人偏好和时间安排,推荐适合他们的活动。同时,平台还为学生提供了活动管理功能,包括活动报名、签到、评价等。学生可以通过平台了解最新的校园文化活动信息,并与其他参与者进行交流和互动。平台还通过大数据分析,对学生活动的效果和影响进行评估和反馈,帮助提升活动的质量和效果。该平台的成功应用促进了中国农业大学校园文化建设的发展。学生可以更加方便地参与校园文化活动,获得符合自身兴趣的文化体验。同时,学校可以通过对平台的数据分析,了解学生的参与情况和需求,优化文化活动的组织和策划,提高学生满意度和参与度。通过大数据分析和智能化平台,高校可以更好地理解学生的需求和兴趣,提供个性化的文化服务和活动。这有助于丰富校园文化氛围,促进学生综合素质的发展,提升高校的文化建设水平和影响力。

复旦大学校园文化建设中的一个成功案例是其基于大数据技术的校园艺术活动智能推荐系统。该系统利用大数据分析和机器学习算法,对学生的艺术兴趣、参与历史和社交网络数据进行分析,以精准推荐适合他们的艺术活动。该系统收集了大量学生参与艺术活动的数据,包括艺术类课程选修情况、艺术展览参观记录、艺术团体参与情况等。通过对这些数据进行分析和挖掘,系统能够了解每位学生的艺术兴趣和偏好,并根据学生的个人情况,推荐最符合他们的艺术活动。系统还结合社交网络数据,利用学生之间的关联和互动信息,进行社交推荐。例如,如果学生的朋友圈中有人对某个艺术活动感兴趣,系统会将这个活动推荐给他们,以激发更多参与和交流。通过该智能推荐系统,复旦大学有效提高了学生参与校园艺术活动的积极性和满意度。学生可以更轻松地获得个性化的艺术推荐,发现并参与自己感兴趣的艺术活动。同时,该系统也帮助学校更好地了解学生的艺术需求和兴趣变化,为校园艺术活动的组织和策划提供有针对性的数据支持。这个案例展示了大数据技术在高校校园文化建设中的另一个创新应用。通过大数据分析和智能推荐系统,高校可以实现更精准、个性化的文化活动推荐,提高学生参与度和满意度。这有助于丰富校园文化生活,培养学生的审美能力和艺术素养,推动高校校园文化建设的持续发展。

二、大数据应用过程中的挑战与解决方法

在大数据应用过程中,可能会面临一些挑战,包括以下方面。

(一)数据隐私与安全

大数据应用涉及大量敏感数据,隐私和安全问题成为关注的焦点。为解决这一挑战,可以采取数据脱敏、数据加密和访问控制等措施,确保数据在传输和存储过程中的安全。

(二)数据质量

大数据的质量对于分析结果的准确性和可靠性至关重要。数据质量问题包括数据缺失、数据不一致、数据噪声等。为提高数据质量,可以采用数据清洗、数据校验和数据整合等方法,消除错误和不完整的数据,提高数据的准确性和一致性。

(三)数据处理和分析能力

大数据量的处理和分析需要强大的计算和存储能力。解决这一挑战可以采用分布式计算框架、云计算和并行处理等技术,利用大规模的计算资源和分布式存储系统,提高数据处理和分析的效率和速度。

(四)数据集成和数据共享

大数据应用涉及多个数据源的集成和共享,数据格式和结构的差异导致数据集成困难。解决这一挑战可以采用数据标准化、数据交换格式和数据集成工具等方法,实现不同数据源之间的数据互通和共享。

(五)人才与技术

大数据应用需要具备数据科学和分析能力的人才,但这方面的人才相对匮乏。为解决这一挑战,可以通过培训和教育来提升人才的技术水平,同时与行业、研究机构等合作,吸引专业人才参与大数据应用的研究和实践。

总之,面对大数据应用过程中的挑战,需要综合运用技术手段、管理方法和人才培养等多种途径,不断改进和创新,以确保大数据应用的顺利进行,并获得可靠和有价值的结果。

结　　论

第一节　研究的主要发现与贡献

一、对高校校园文化建设的重要要素和影响因素进行了深入探讨

本书深入探讨了高校校园文化建设的重要要素和影响因素。其中，领导支持与倡导、师生参与与共建、多元文化与创新创意、跨学科融合与跨界合作、数字化技术与创新实践及国际视野与全球合作被认为是关键要素。这些要素相互作用，共同推动高校校园文化的全面发展。此外，本书还强调了高校校园文化建设的影响因素，包括领导支持、资源投入、文化氛围、学生参与度等。深入探讨这些要素和因素，有助于指导高校在校园文化建设中制定有效的策略和措施，提升学校的整体文化素质和影响力。

二、发现了大数据技术在高校校园文化建设中的关键作用和潜在价值

大数据技术在高校校园文化建设中扮演着重要的角色，并具有潜在的巨大价值。首先，大数据技术可以帮助高校收集、存储和管理大量的校园文化数据，包括学生参与活动的数据、文化活动的效果评估数据等。这些数据可以为高校提供全面的了解和洞察，有助于深入了解学生的需求和兴趣，为校园文化活动的规划和组织提供科学依据。其次，大数据技术可以通过数据分析与挖掘，揭示潜在的模式和趋势，帮助高校发现校园文化活动的热点和关键问题。通过对大数据的分析，可以了解学生参与活动的偏好、活动效果的评估、校园文化发展的趋势等，从而为高校校园文化建设提供精准的指导和决策支持。

此外，大数据技术还能够实现高校校园文化活动的个性化和定制化。通过对学生个体的数据进行分析，可以了解其兴趣、特长、学习能力等方面的特点，为其提供个性化的文化活动推荐和定制化的学习支持。这样可以提高学生的参与度和满意度，推动校园文化建设向更加个性化和精细化的方向发展。

大数据技术在高校校园文化建设中的关键作用和潜在价值不可忽视。它能够为高校提供全面的数据支持和洞察,帮助高校制定科学的决策和策略,推动校园文化的创新发展,并为学生提供更好的文化体验和成长机会。

三、提出了高质量发展策略和创新思路,推动高校校园文化建设水平的提升

本书提出了一系列高质量发展策略和创新思路,旨在推动高校校园文化建设水平的提升。这些策略和思路包括建立多元化的文化内容,强化学生参与和主体性,加强校园物质文化建设,推动跨部门合作,培养高校校园精神文化,促进知识传承与创新,鼓励艺术表达与审美体验,承担社会责任与公共参与,加强校内外文化交流与合作,推动跨学科融合与创新实践,培养国际视野与全球合作意识,充分利用数字文化,运用大数据技术,设计合理的激励机制和资源配置,以及建立科学的管理体系和绩效评价机制。这些策略和思路的实施将为高校校园文化建设带来积极的影响,推动其向更高水平迈进。

第二节 研究的局限性与拓展空间

一、对于某些具体领域或文化细分的研究还存在不足和有待进一步拓展

虽然本书提出了一系列高质量发展策略和创新思路,但对于某些具体领域或文化细分的研究仍存在一些不足和有待进一步拓展的地方。

对于不同学科领域的文化建设,本书可能没有深入涉及每个学科领域的特定需求和挑战。每个学科领域都有其独特的文化特点和发展路径,因此,需要更具体的研究来了解不同学科领域在校园文化建设中的需求和影响因素。

对于不同群体的文化建设,本书可能没有充分关注到不同群体(如少数民族、留学生、特殊需求群体等)在校园文化建设中的特殊需求和参与机会。针对不同群体的文化建设策略和措施,仍需进一步研究和拓展。

在数字化和智能化技术方面的研究也可以更加深入。虽然本书提到了数字化技术和大数据技术在校园文化建设中的应用,但对于如何更好地应用这些技术

来提升文化建设的效果和价值,以及如何解决数据隐私和安全等问题,仍然需要进一步研究和探索。

二、在数据获取和处理方面仍面临一定的挑战和限制

首先,数据获取方面存在着数据源的多样性和分散性。高校校园文化建设涉及多个方面的数据,包括学生信息、活动数据、社交媒体数据等,这些数据可能分布在不同的系统和平台中,获取起来存在一定的难度。同时,数据获取过程中还需考虑隐私保护的问题,确保合法获取和使用数据。

其次,数据处理方面面临着数据规模庞大和复杂性高的挑战。高校校园文化建设涉及大量的数据,其中包括结构化数据和非结构化数据,需要进行有效的处理和分析。数据的清洗、整合、分析等过程需要投入大量的人力和技术资源,而且数据的复杂性和多样性也增加了处理的难度。

最后,数据的质量和准确性也是一个重要的问题。在数据获取和整理过程中,可能存在数据缺失、错误或偏差等情况,这会对后续的分析和应用产生不利影响。因此,确保数据的质量和准确性是一个关键的挑战,需要建立有效的数据质量管理机制。

为了应对这些挑战和限制,可以采取一些解决方法。首先,建立健全的数据获取机制,与相关部门合作,确保数据的合法获取和共享。其次,引入先进的数据处理技术和工具,如数据清洗、数据挖掘和机器学习等,提高数据的处理效率和准确性。最后,加强数据质量管理,制定规范和标准,确保数据的一致性和可靠性。

三、研究方法和模型仍可以进一步改进和优化,提高研究的可信度和准确性

在高校校园文化建设领域的研究中,研究方法和模型仍然可以进一步改进和优化,以提高研究的可信度和准确性。

首先,研究方法的改进是关键。目前的研究方法主要包括定性研究和定量研究两种,但在高校校园文化建设中,还可以探索更多适用的方法。例如,混合研究方法可以结合定性和定量研究的优势,提供更全面和深入的理解。此外,可以采用纵向研究设计,跟踪和评估校园文化建设的长期效果。

其次,模型的优化是必要的。目前的研究模型在描述和解释校园文化建设中的影响因素和关系方面已经取得了一定的成果,但仍有改进的空间。例如,可以引入更多的变量和因素,考虑更多因素对校园文化建设的影响,并建立更为准确和全面的模型。同时,可以探索新的模型框架,如系统动力学模型或网络分析模型,以更好地揭示校园文化建设的复杂性和动态性。

最后,需要更加重视数据的质量和可靠性。在研究过程中,确保数据的准确性和完整性是至关重要的。可以采用多种方法来提高数据的质量,如严格的数据采集和整理过程、多重验证和交叉检验等。同时,借助新兴的技术手段,如自然语言处理和机器学习算法,可以提高数据的处理和分析效率,并减少人为误差。

总之,研究方法和模型在高校校园文化建设领域仍有改进和优化的空间。通过采用更合适的研究方法,优化模型的建立,并确保数据的质量和可靠性,可以提高研究的可信度和准确性,为高校校园文化建设的实践提供更有力的支持。

第三节　高校校园文化建设的实践成果与未来展望

一、总结了高校校园文化建设实践中取得的一些重要成果和成功经验

高校校园文化建设实践取得了一些重要成果和成功经验。通过加强国际交流与合作,丰富校园文化内涵;借助现代管理理念和方法,建立科学的组织架构与管理机制;利用大数据和人工智能技术,实现数据驱动的决策和优化;通过绩效评价和激励机制,激发创新活力;优化资源配置和活动组织,提升文化建设的效益;强化隐私保护和安全管理,确保数据安全。这些成果和经验为高校校园文化建设水平的提升提供了重要的借鉴和启示,推动着高校校园文化朝着更高质量、更创新的方向不断发展。

二、展望未来,提出了高校校园文化建设的发展方向和重点领域

在不远的将来,高校校园文化建设将聚焦于以下方向和重点领域:加强国际化视野与全球合作,促进跨学科融合与创新实践,推动数字化技术与数字文化的

深度融合,构建智慧化校园,强化对多元文化的包容与传承,注重校内外文化交流与合作,培养学生的全球视野和跨文化交流能力,加强社会责任与公共参与,倡导高质量发展的理念,优化资源配置和活动组织,充分发挥大数据和人工智能的作用,加强隐私保护和数据安全,建立科学的绩效评价体系。这些发展方向和重点领域将推动高校校园文化建设不断迈向更加开放、多元、创新的未来。

三、探讨了未来可能面临的挑战和应对策略,为高校校园文化建设提供了展望和建议

本书通过探讨高校校园文化建设的重要要素、影响因素及大数据技术的关键作用,提出了高质量发展策略和创新思路,进一步提升了高校校园文化建设的质量与效益。同时,本书还明确了面临的挑战和限制,并提出了相应的应对策略,包括改进研究方法和模型、优化数据获取和处理、加强隐私保护和数据安全等。展望未来,本书为高校校园文化建设提供了发展方向,如加强国际化视野、推动数字化技术与文化融合、构建智慧化校园等。综上所述,本书为高校校园文化建设提供了全面的展望和建议,为实现更加开放、多元、创新的校园奠定了基础。

参考文献

［1］ 王放.高校体育教育与校园体育文化建设的协同推进［J］.中国高校科技，2023，（09）：108-109.

［2］ 高闻璐.校园文化环境的建设对高校体育教学创新的促进［J］.环境工程，2023，41（08）：401.

［3］ 庞莉，章荣君.文化自信背景下后现代消费文化对高校校园文化的冲击与对策［J］.黑龙江高教研究，2023，41（06）：110-114.

［4］ 侯琳.融媒体背景下高校校园电视台引导校园生态文化建设新方向［J］.环境工程，2023，41（05）：261.

［5］ 王薇.高校学风建设体系机制与培育路径研究——评《高校学风建设与校园文化融合发展研究》［J］.科技管理研究，2023，43（09）：224.

［6］ 罗蕊，檀慧，邢晔.融媒体时代高校"四史"网络文化建设［J］.中学政治教学参考，2023，（15）：48-50.

［7］ 王婷婷.高校校园文化建设水平提升探究——评《新时代高校校园文化建设概论》［J］.中国教育学刊，2023，（02）：143.

［8］ 郑爱华，牛素华.红色音乐文化在高校校园文化建设中的点滴渗透——评《新时代高校校园文化建设概论》［J］.科技管理研究，2023，43（02）：223.

［9］ 龚晓.校园文化环境建设对高校体育教学的促进［J］.环境工程，2023，41（01）：276-277.

［10］曹阳，郑佳薇.高校体育教育对体育文化产业的作用分析——评《可持续视域下高校校园体育文化建设现状及对策》［J］.中国教育学刊，2022，（11）：128.

［11］周敏.水文化教育融入高校校园文化建设的路径探索——评《水文化教育导论》［J］.灌溉排水学报，2022，41（10）：154.

［12］李宏刚,宋真真.以社会主义核心价值观引领高校校园文化建设的逻辑理路［J］.江苏大学学报(社会科学版),2022,24(05):25-33.

［13］马仁杰,蒋潇洁.论5G时代我国高校档案服务校园文化建设的优化路径［J］.北京档案,2022,(08):35-37.

［14］陈山杉.以"课程思政"理念促进高校学风建设研究——评《高校学风建设与校园文化融合发展研究》［J］.科技管理研究,2022,42(16):256.

［15］陈军.高校校园休闲体育文化建设与体育教育研究——评《高校体育文化及其建设的综合性探论》［J］.中国高校科技,2022,(07):109.

［16］朱忆天,李莉.社会主义核心价值观视域下高校校园文化建设路径探析［J］.学校党建与思想教育,2022,(10):72-75.

［17］虞志坚.伟大建党精神融入高校思想政治教育的价值意蕴和实践进路［J］.湖北社会科学,2022,(03):155-161.

［18］张静.高校校园文化建设的定位及价值探索——评《高校校园文化建设的多维度探究》［J］.热带作物学报,2021,42(12):3777.

［19］陈元媛.高校校园文化建设自组织研究［J］.学校党建与思想教育,2021,(22):70-72.

［20］徐丹.以软实力筑牢硬基底,推动大学四大功能融合发展——评《新时代高校校园文化建设概论》［J］.教育理论与实践,2021,41(30):65.

［21］王莹.高校思政教育与校园文化建设互动探究［J］.中学政治教学参考,2021,(39):101.

［22］李志超.高校党建与思政教育的融合路径［J］.中学政治教学参考,2021,(35):99.

［23］张小龙.广州市高校健美操社团对大学生体育意识影响的研究［J］.广州体育学院学报,2021,41(04):114-118.

［24］刘志伟.乡村振兴背景下高校文化建设与爱国价值观培育分析［J］.中国果树,2021,(09):125.

［25］徐娜.高校美育三议:本质意义、价值指向与实践路径［J］.江苏高教,2021,(06):113-116.

［26］徐伟诣.红色文化融入高校校园文化建设研究［D］.吉林建筑大学,2021.

［27］林晓.微时代高校校园文化建设探讨［J］.学校党建与思想教育,2021,（08）:86-87.

［28］王薇.唱响校园文化主旋律引领校园文化新风尚——评《高校校园文化建设理论与实践》［J］.当代教育科学,2021,（03）:2.

［29］李兴国.高校校园文化建设中的思想政治教育意义——评《思想政治教育实务》［J］.热带作物学报,2021,42（03）:925.

［30］黄兢.高校图书馆与校园文化建设的内在关系——评《高校图书馆与校园文化建设研究》［J］.中国高校科技,2021,（03）:97.

［31］陈振兴,郝卿.传承优秀文化在高校实践育人体系及校园文化建设中的创新与应用［J］.食品研究与开发,2021,42（03）:239.

［32］刘静.多媒体环境下社会主义核心价值观融入高校校园文化建设——评《新媒体时代议程设置嵌入高校网络思想政治教育研究》［J］.中国科技论文,2021,16（01）:124.

［33］杨九平.新时期高校校园体育文化如何建设［J］.食品研究与开发,2020,41（24）:269-270.

［34］王锴.高校图书馆文化展览的理念、方法和实践——基于天津大学图书馆的经验［J］.大学图书馆学报,2020,38（05）:41-45.

［35］郝瑜,朱江华."一带一路"沿线地方高校国际文化交流路向探析［J］.江苏高教,2020,（09）:32-36.

［36］阚璇.高校文化建设中的地域情感表达——以1912景观广场系列作品为例［J］.当代文坛,2020,（05）:232-233.

［37］周奕.校园文化建设与思想政治教育融合探析［J］.中学政治教学参考,2020,（24）:88.

［38］郭灼.校园文化视阈下高校基层党建工作品牌化建设［J］.学校党建与思想教育,2020,（15）:31-33.

［39］陈阳阳.立德树人视阈下高校校园文化建设研究［D］.西安理工大学,2020.

[40] 周萍.立德树人视域下高校校园文化建设研究[J].思想教育研究,2020,
（06）:139-142.

[41] 徐晓宁.论高校思想政治教育与校园文化建设的深度融合[J].中国高等
教育,2020,（12）:37-39.

[42] 王志娟.高校校园文化与学风建设中存在的问题及改革发展——评《好教
风好学风好校风》[J].林产工业,2020,57（06）:125.

[43] 刘芳.文化安全视阈下高校图书馆空间构建研究[J].图书馆工作与研究,
2020,（05）:88-93.

[44] 王倩."自我同一性"理论视阈下高校校园网络文化建设路径探究[J].江
苏高教,2020,（05）:86-90.

[45] 任缘娟.新时代中华优秀传统文化融入高校校园文化建设的路径研究
[D].新疆医科大学,2020.

[46] 张雨婷.社会主义核心价值观引领高校校园文化建设常态化机制研究
[J].学校党建与思想教育,2020,（04）:16-18.

[47] 陈思和.试论高校图书馆特藏建设的意义[J].杭州师范大学学报（社会
科学版）,2020,42（01）:1-6.

[48] 杨金辉.校园文化建设与高校思想政治教育的关系探究[J].中学政治教
学参考,2019,（35）:87.

[49] 马娟娟,张国安.移动互联网环境下高校校园文化建设研究[J].学校党建
与思想教育,2019,（22）:61-62+65.

[50] 张红艳,陈雅俐.基于三层次结构框架的高校网络文化建设路径研究[J].
中国电化教育,2019,（10）:76-82.

[51] 朱德超,郝明.新时代高校特色校园文化建设的实践探索[J].学校党建与
思想教育,2019,（18）:75-76.

[52] 罗玮琦.校园文化建设与高校"校企合作"模式的融合——评《职业教育
校企合作长效机制研究》[J].实验技术与管理,2019,36（09）:282.

[53] 张策,王丽珍,李亚军,等.试论校园文化对高校课程思政体系建构的作用
[J].教育理论与实践,2019,39（21）:29-31.

［54］韩曼.高校档案与校园文化建设浅谈［J］.档案管理,2019,（04）:87-88.

［55］王红,范若冰.马克思主义整体性视域下高校校园文化建设路径探析［J］.高教探索,2019,（07）:33-37+43.

［56］王晓飞,段玉柳,张荣,等.新时代高校校园文化建设与意识形态话语权研究［J］.吉首大学学报（社会科学版）,2019,40（S1）:231-234.

［57］李西京.中华优秀传统文化融入高校校园文化建设研究［D］.西安科技大学,2019.

［58］杨锟.民族地区高校校园文化与少数民族传统文化融合共建研究［J］.贵州民族研究,2019,40（01）:206-209.

［59］王振.改革开放以来高校文化育人的回顾与思考［J］.思想理论教育,2018,（12）:90-95.

［60］侯典举,陈捷.高校校园文化建设的价值取向与着力点研究［J］.学校党建与思想教育,2018,（18）:49-51.

［61］马春来,吴健.基于耦合效应的高校校园文化建设论析［J］.学校党建与思想教育,2018,（12）:80-81.

［62］詹志博,罗陈娟.论高校校园文化建设与思政教育的协调发展［J］.黑龙江高教研究,2018,36（06）:131-133.

［63］魏寒冰.论民族地区高校校园文化建设的意识形态之维［J］.黑龙江高教研究,2018,36（04）:136-138.

［64］吴月齐.微电影在高校校园文化建设中的价值功能和实践路径［J］.当代电影,2018,（01）:174-176.

［65］张勇.从校园文化到文化校园的嬗变探索［J］.学校党建与思想教育,2017,（22）:90-91+96.

［66］郑柔澄.高校校园文化建设的思想政治教育功能及其实现研究［D］.山东大学,2017.

［67］宋伟.社会主义核心价值观融入高校校园文化建设研究［D］.郑州大学,2016.

［68］陈钰,赵曼娟,毛雁.大学生阅读推广与校园文化建设［M］.广州:世界图

书出版公司, 2014.

［69］教育部思想政治工作司 . 高校校园文化建设理论与实践［M］. 北京：中国人民大学出版社, 2014.

［70］王汉伟 . 中美高校校园文化建设的比较研究［D］. 哈尔滨理工大学, 2014.

［71］蔡桂珍 . 新时期高校校园文化建设研究［D］. 福建师范大学, 2013.